abcdefg
hijklmn
opqrstu
vwxyz

Frau Annika

HAND Lettering

Die Kunst der schönen Buchstaben

Inhaltsverzeichnis

Vorwort

Fünf Jahre ist es her, dass mit „Handlettering – Die Kunst der schönen Buchstaben" mein erster Titel zum Thema erschienen ist. Damals hatte ich nicht für möglich gehalten, dass Handlettering so viele Menschen nachhaltig begeistern wird. Doch nach wie vor hält sich dieser Trend, die Wertschätzung des Handgemachten bleibt. Und das finde ich ganz wunderbar!

Zum Handlettering kam ich über die Illustration, denn beides ergänzt sich wunderbar. Das zeigt sich in Glückwunsch- und Grußkarten oder einem Schriftzug für ein Kinderbuch-Cover.

Obwohl ich mich schon vor meinem ersten Buch mit illustrativer Schrift beschäftigt habe, war der erste Buchtitel auch der Beginn einer Reise, auf der ich viel gelernt habe. Und wie das so ist, wenn man neugierig bleibt und neue Dinge ausprobiert, entwickelt sich auch die eigene Arbeit weiter. So kam es, dass wir uns für eine Neuauflage dieses Buchs entschieden haben. Manches ist geblieben, anderes ist hinzugekommen und einige Projekte habe ich überarbeitet. Als perfekte Ergänzung haben wir auch das Übungsbuch überarbeitet.

Dieses Buch soll nach wie vor inspirieren und Lust machen, selbst den Stift in die Hand zu nehmen. Fehler passieren, das ist Teil des Prozesses. Lass dich davon nicht entmutigen, bleibe neugierig. Es klingt abgedroschen, aber es stimmt: Übung macht den Meister.

Das Schöne ist, dass du weder großartige Vorkenntnisse noch teures Material und Werkzeug brauchst, um anzufangen. Auch ist eine ungelenke Handschrift kein Argument mehr, es nicht wenigstens mal zu versuchen.

Ich wünsche dir viel Freude mit diesem Buch und allem, was du daraus machst!

Dieses Buch widme ich meinen Eltern.
Danke für alles!

frau annika

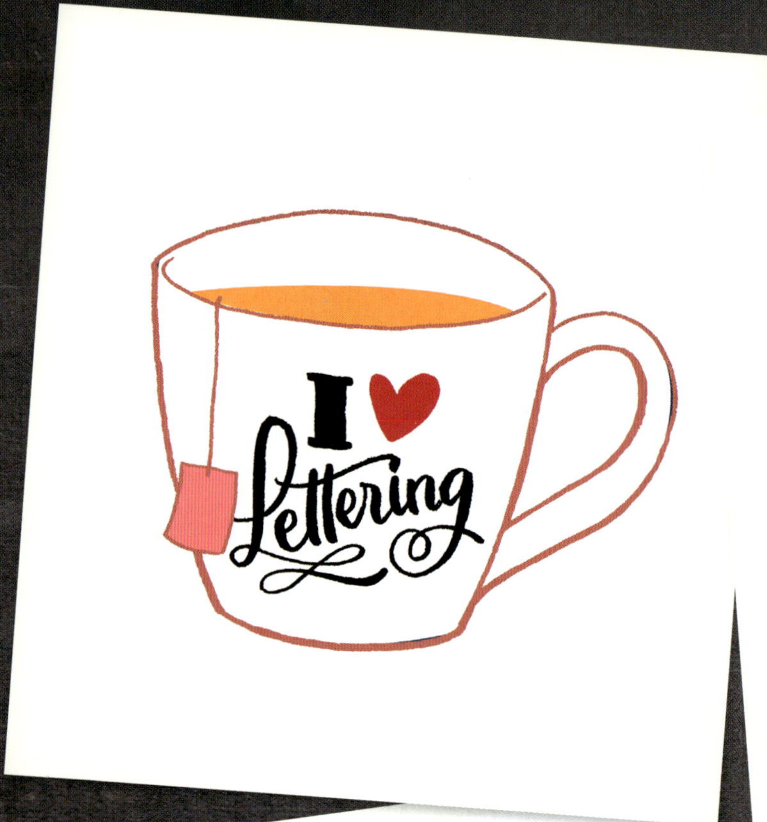
I ♥ Lettering

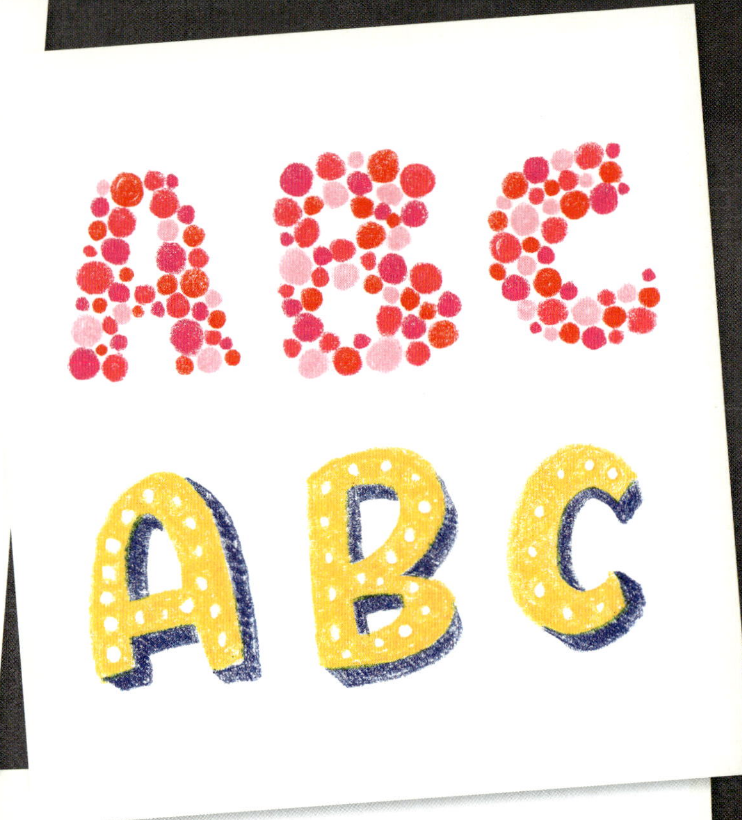
ABC
ABC

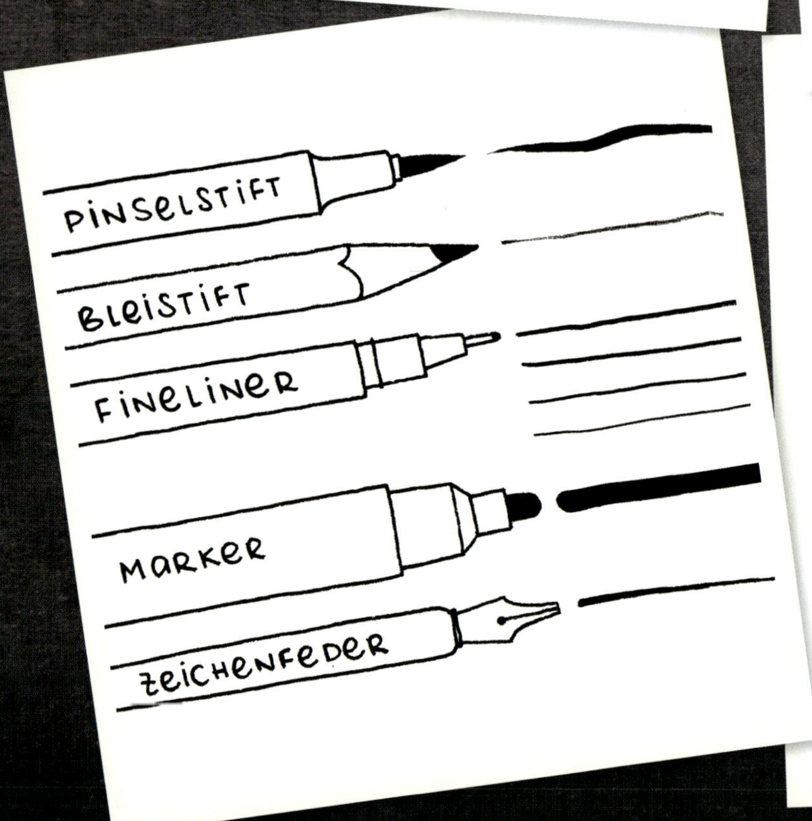
PINSELSTIFT
BLEISTIFT
FINELINER
MARKER
ZEICHENFEDER

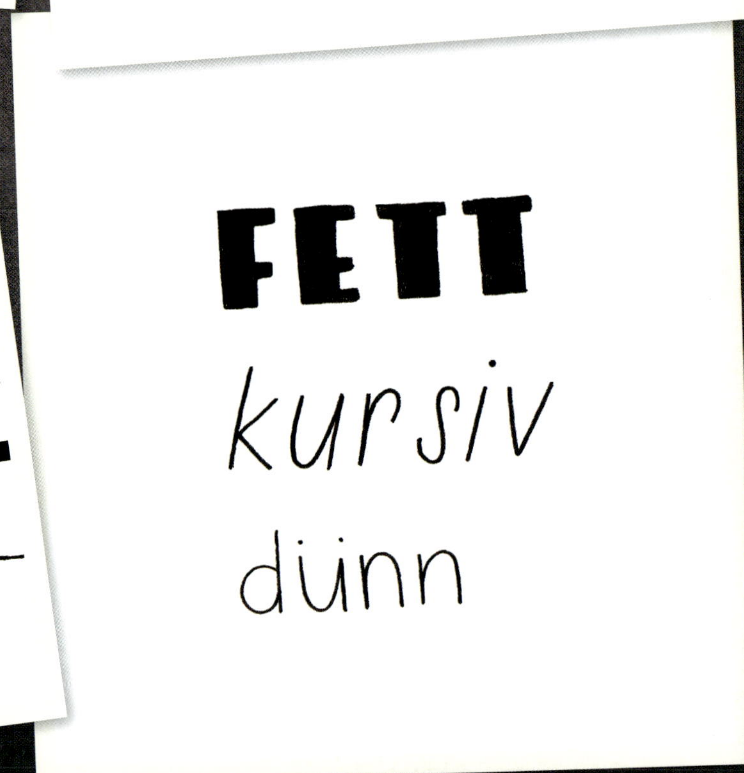
FETT
kursiv
dünn

Grundwissen

Handlettering sieht meistens komplizierter aus, als es eigentlich ist und gerade deswegen können bereits Anfänger beeindruckende Letterings schaffen. Ein paar Grundlagen können trotzdem nicht schaden, bevor du loslegst. Was ist Handlettering eigentlich? Was brauche ich und wie gehe ich vor? All diese Fragen werden in diesem Kapitel beantwortet.

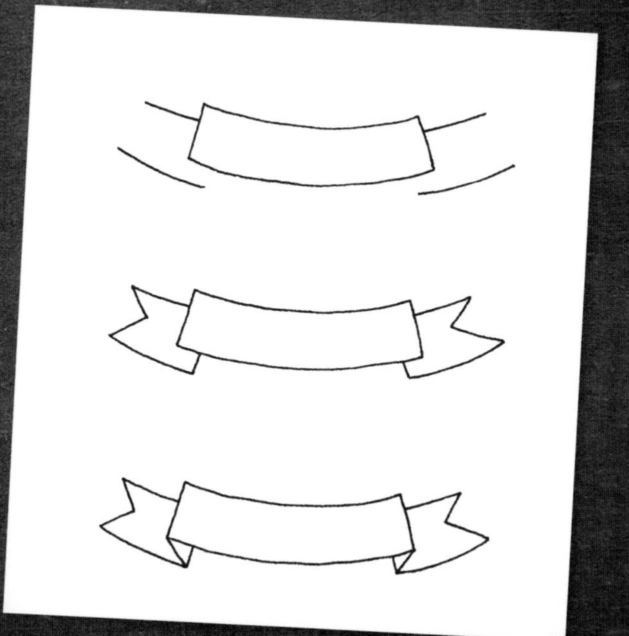

Was ist Handlettering?

Eine kleine Begriffskunde

Handlettering ist die Kunst, Buchstaben zu zeichnen und aus Wörtern individuelle Schriftkunstwerke zu schaffen. Jede Art von Handlettering ist handgemacht und somit einzigartig. Eben deshalb unterscheidet es sich auch grundlegend von der Typografie und der Kalligrafie.

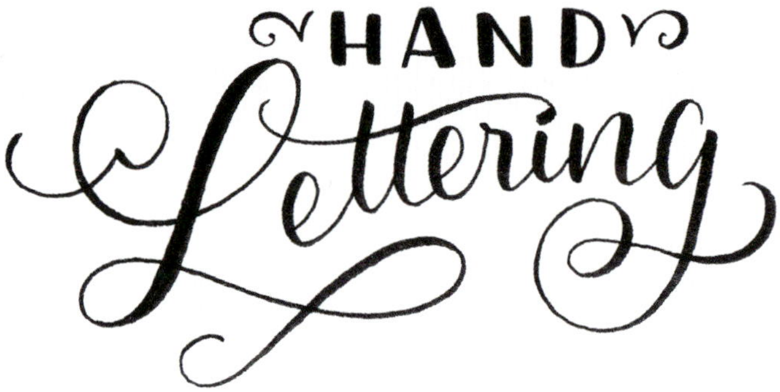

Bei der **Typografie** geht es um das Setzen, also das Arrangieren von vorgefertigten Buchstaben für den Druck. Was früher der Bleisatz war, ist heute der Schriftsatz am Computer. Es ist ein weites Feld, in dem Schriftart, Schriftgröße, Zeilenabstand, Laufweite etc. eine Rolle spielen.

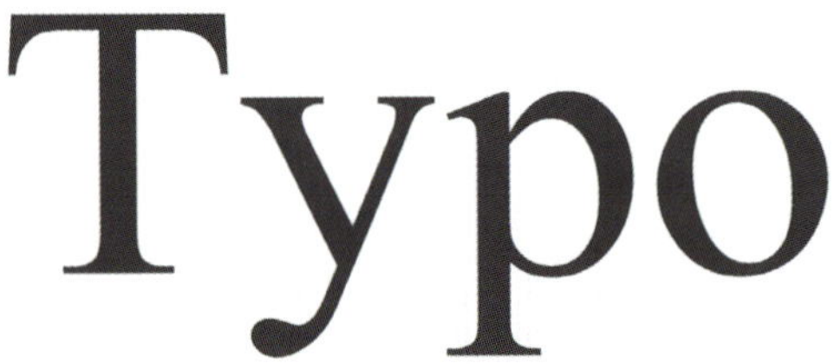

Handlettering ist auch nicht **Kalligrafie,** wobei sich beides schon näher ist und sich schön kombinieren lässt. Kalligrafie ist die Kunst des „Schönschreibens", meist mit Federkiel oder Pinsel. Texte können so kunstvoll geschrieben werden, dass nicht in erster Linie die Lesbarkeit im Vordergrund steht, sondern die Ästhetik der Wörter. Der wesentliche Unterschied besteht im Schreiben, man bedient sich oft klassischer Alphabete. Beim Handlettering wird dagegen gezeichnet, stets anders und individuell.

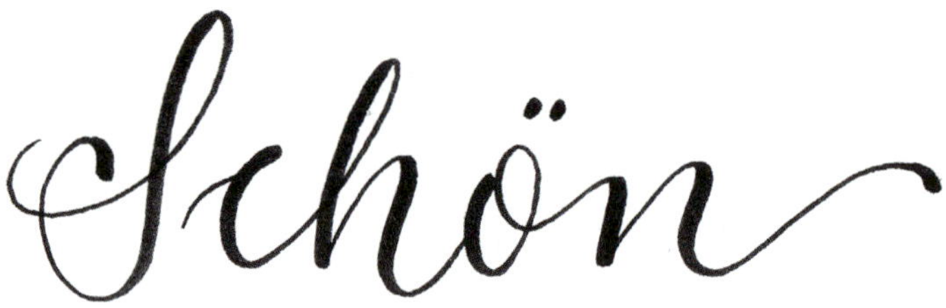

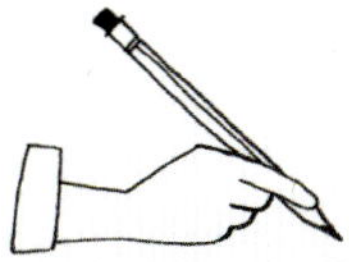

hand geschriebene BUCHSTABEN

Ob gerade oder verschnörkelt, mit Fineliner oder Pinsel, zum Geburtstag oder einfach nur zum Ausprobieren: Jedes Lettering ist anders. Die Vielfältigkeit von Schriften und Materialien lässt beeindruckende Unikate entstehen.

ZWEITAUSEND fünfzehn

· HERZLICHEN · Glück Wunsch

HOME sweet HOME

WAS AUCH IMMER

Material

Ein großer Reiz des Handletterings besteht darin, dass man nur wenige und einfache Werkzeuge braucht. Die meisten davon finden sich auf jedem Schreibtisch, alles andere ist leicht zu bekommen. Man kann natürlich für gute Stifte und Farben oder schönes Papier viel Geld ausgeben. Für den Anfang reicht jedoch der handelsübliche Bleistift und ein einfaches Skizzenpapier. Bleistifte unterscheiden sich in der Minenstärke, es gibt sie von ganz weich bis sehr hart. Für Vorzeichnungen empfehle ich einen nicht allzu weichen Bleistift. Beim Zeichnen sollte er nicht verschmieren und ohne Spuren radierbar sein.

Wenn du in deinen Zeichnungen sicherer wirst, kannst du neue Farben und Materialien ausprobieren. Habe auch Mut zum Experiment!
Ebenfalls hilfreich sind Bücher, die sich mit Schrift beschäftigen. Stöbere auf Flohmärkten, im Antiquariat oder besuche die Bibliothek. Natürlich findet man auch auf unzähligen Webseiten und in Internetblogs Inspirationen für eigene Werke.

Ganz gleich, ob du dein Handlettering auf Papier vollenden oder es am Ende auf Stoff, Porzellan oder sonstige Objekte aufbringen willst: Diese Werkzeuge wirst du für die ersten Schritte immer brauchen:

- Bleistift (HB oder 2B, gut radierbar)
- Radiergummi
- Anspitzer
- Skizzenpapier
- Fineliner
- Lineal, Geodreieck
- evtl. Transparentpapier

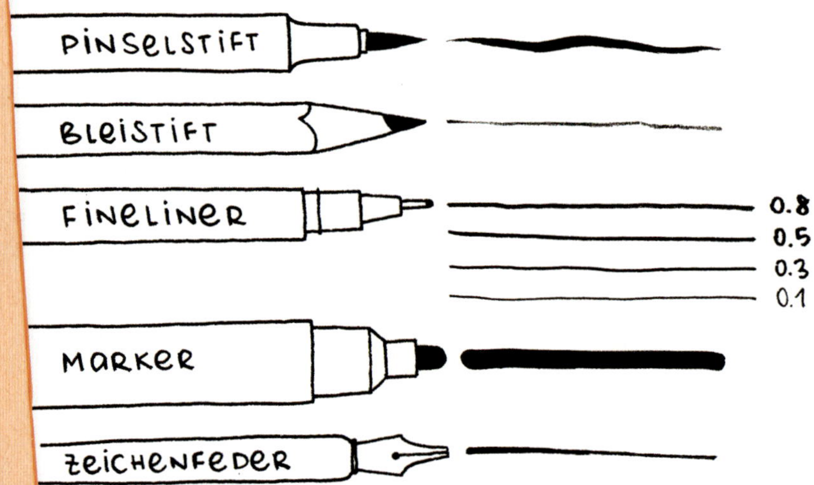

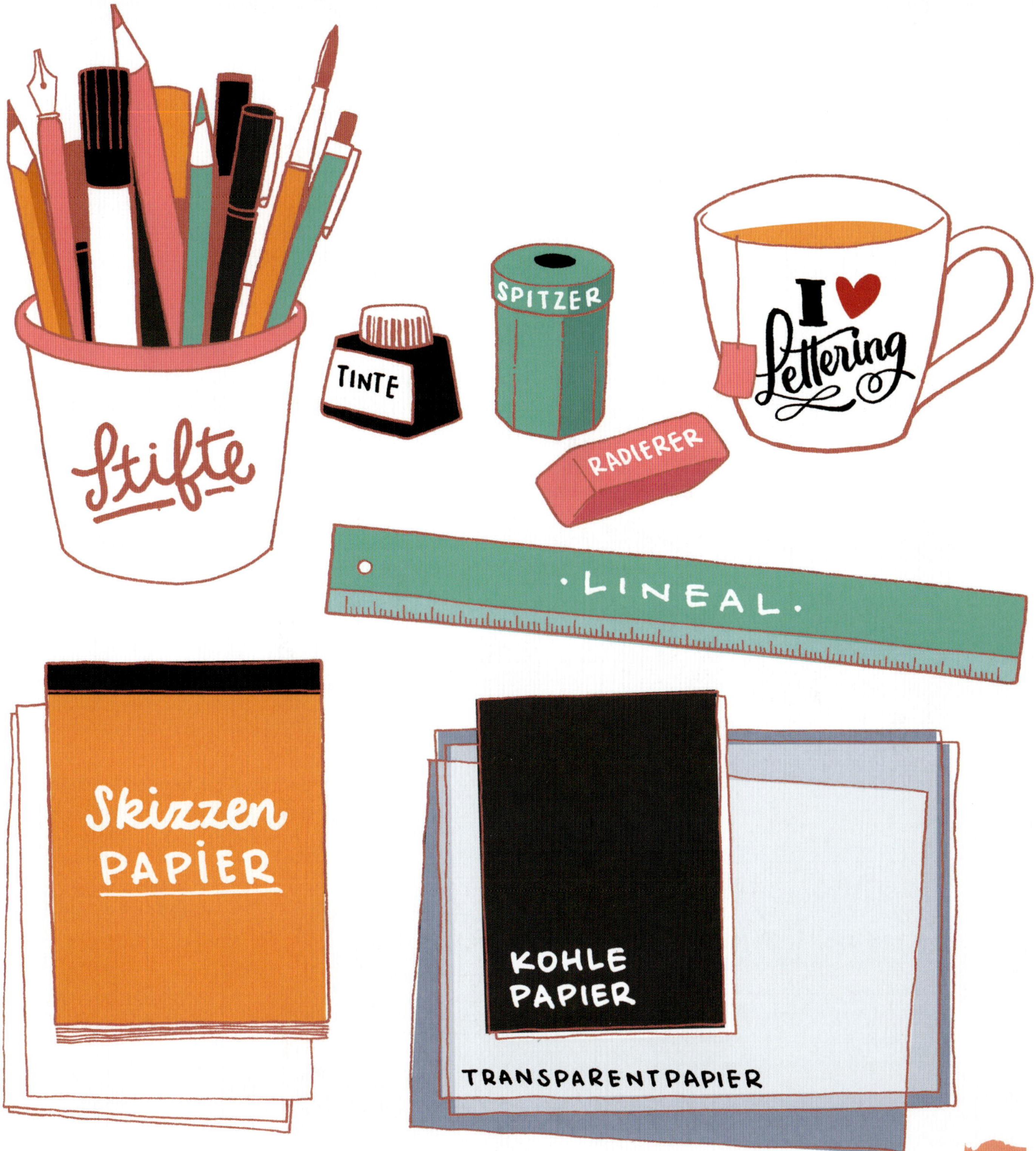
Stifte
TINTE
SPITZER
I ♥ Lettering
RADIERER
LINEAL
Skizzen PAPIER
KOHLE PAPIER
TRANSPARENTPAPIER

Die Anatomie der Buchstaben

Auch wenn Handlettering kein großes Fachwissen erfordert und jederzeit mit einfachsten Mitteln begonnen werden kann, hilft es sehr, über die grundlegenden Dinge der Schriftgestaltung Bescheid zu wissen. Hier sind einige wichtige Details und Begriffe aus der Anatomie der Buchstaben.

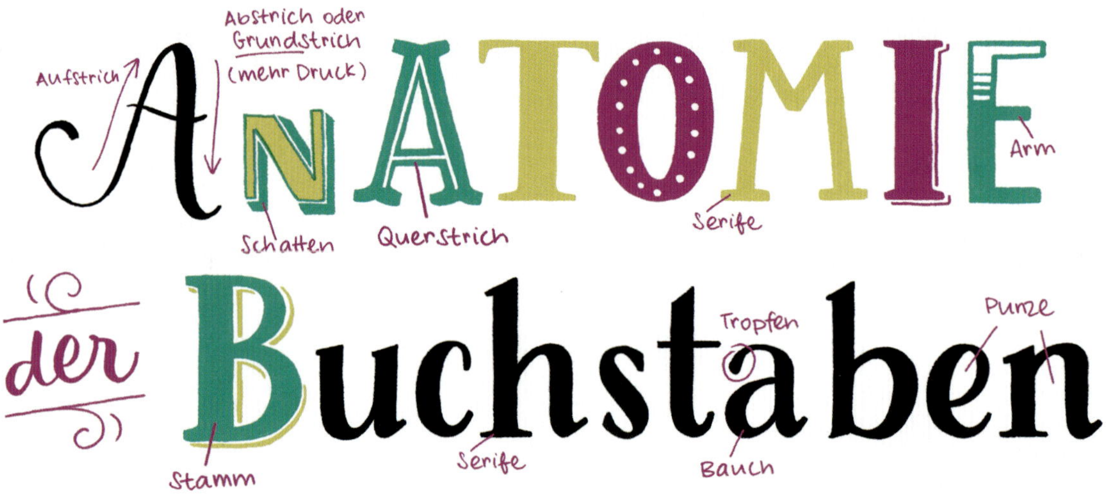

Serifen und Punzen

Wir kennen alle die häkchenartigen Enden an klassischen Buchstaben. Man nennt sie Serifen. Eine Punze beschreibt die Innenfläche eines Buchstaben, sie kann offen oder geschlossen sein. Viele andere Begriffe erklären sich von selbst. So ist der Querstrich eine horizontale Linie. Die dünnste Linie im Buchstaben wird auch Haarlinie genannt.

Ligaturen

Ligaturen sind zwei oder drei Buchstaben, die miteinander verschmelzen. Das dient nicht nur der Lesbarkeit, sondern sieht auch schön aus. Wusstest du, dass unser Et-Zeichen (&) auch eine Ligatur ist? Sie ist aus dem „e" und „t" des französischen Wortes „et" (und) entstanden und hat sich zu einer formschönen „Glyphe" gebildet.

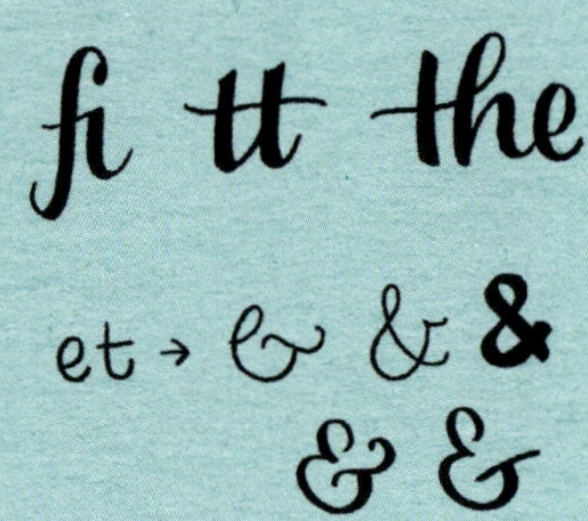

Ober- und Unterlänge

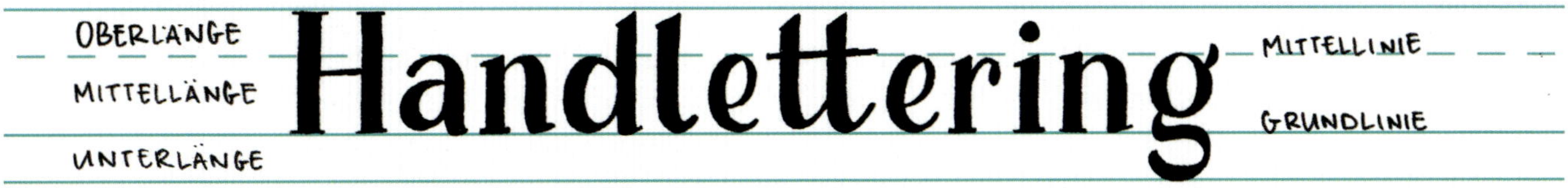

Der Schriftschnitt

Aus der Typografie stammt der Begriff des Schriftschnitts. Jede Schriftart kann aus unterschiedlichen Schnitten bestehen: aus schmalen, fetten, kursiven Schriftschnitten. So lassen sich Schriften klassifizieren und charakterisieren. Im Handlettering bedienen wir uns dieser Kategorien, denn die Form der Buchstaben kann auch die Bedeutung der Wörter unterstreichen.

Eine Schreibschrift nutzen wir für verspielte, vielleicht romantische Themen. Eine serifenlose Schrift wirkt dagegen modern.
Interessante Kontraste können wir durch die Kombination verschiedener Schriftarten erzielen – dünne und dicke Buchstaben, Schreib- und Blockschrift, ornamentale, große und kleine oder dreidimensional gestaltete Buchstaben.

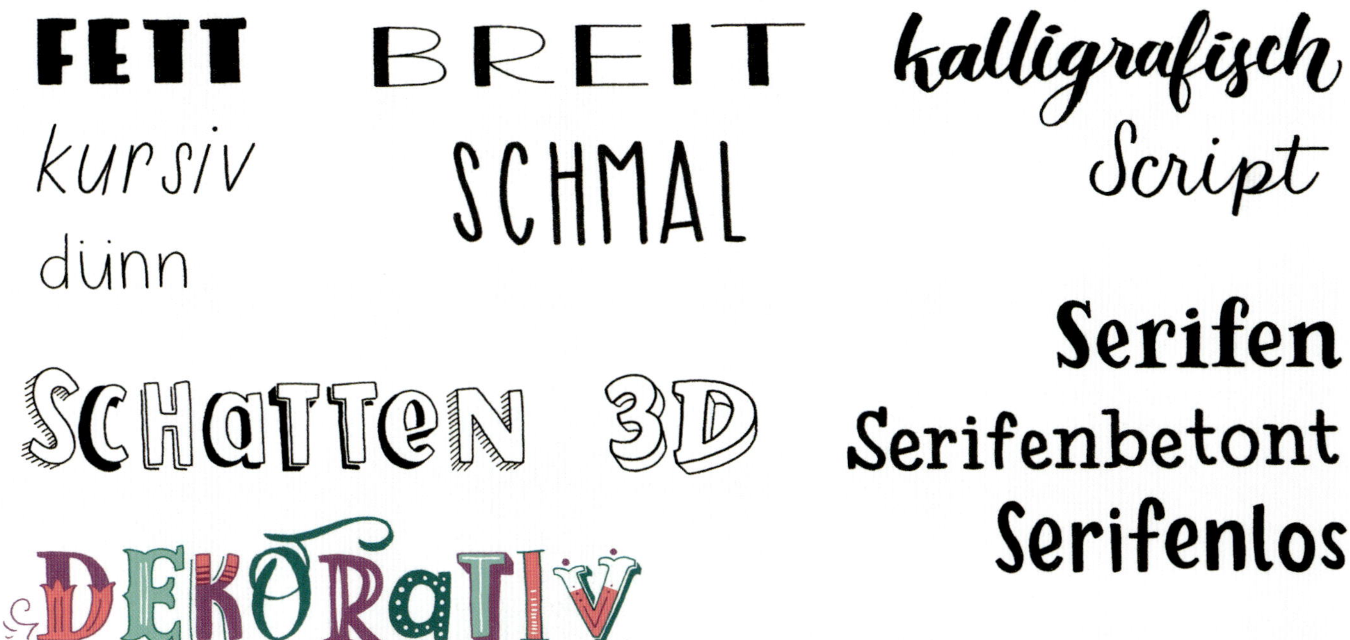

Bevor du beginnst

Handlettering ist eine abwechslungsreiche Art, sich auszuprobieren und sich auf einfache, aber kreative Weise auszudrücken. Auch wenn du von dir behauptest, keine schöne Handschrift zu besitzen, spielt das keine allzu große Rolle. Wenn du interessiert und neugierig bist, kann es mit etwas Übung doch gelingen.

Um ein Gefühl für Schriften und Buchstaben zu bekommen, ist es zu Beginn hilfreich, sie zu studieren. Das bedeutet nicht, dass du bei Gutenberg beginnen musst. Sieh dir einfach Buchstaben an, die dir begegnen: auf einem Werbeplakat, in der Zeitung, auf der Lieblingsschokolade. Schau aufmerksam die Formen und die verschiedenen Stile an. Kannst du erkennen, welche Botschaft eine Schreibschrift transportieren kann? Wird dir bewusst, was für einen Unterschied es macht, eine Schrift mit und ohne Serifen zu verwenden?

Studiere die Form, die Proportionen der Buchstaben. Die unterschiedlichen Dicken, die Art einer Serife, die Höhe der Mittelachse. Das alles macht es dir nach einer Weile leichter, eigene Buchstaben zu kreieren und frei Hand zu zeichnen. Du wirst deinen ganz eigenen Stil entwickeln und bist in der Lage, aufwendigere Handletterings zu gestalten. Aber habe ein wenig Geduld, es ist noch kein Meister vom Himmel gefallen. Es braucht viel Übung und unzählige Skizzen und Kritzeleien, ehe die Striche sicher werden oder der Schwung perfekt gelingt.

Scheue dich nicht, mit den Buchstaben zu spielen und zu experimentieren. Es geht nicht um Perfektion, Fehler sind Teil des Prozesses und können auch ihren Charme haben. Es ist auch nicht so wichtig, einen Entwurf stets zu Ende zu bringen. Wichtiger ist das Machen, der kreative Prozess.

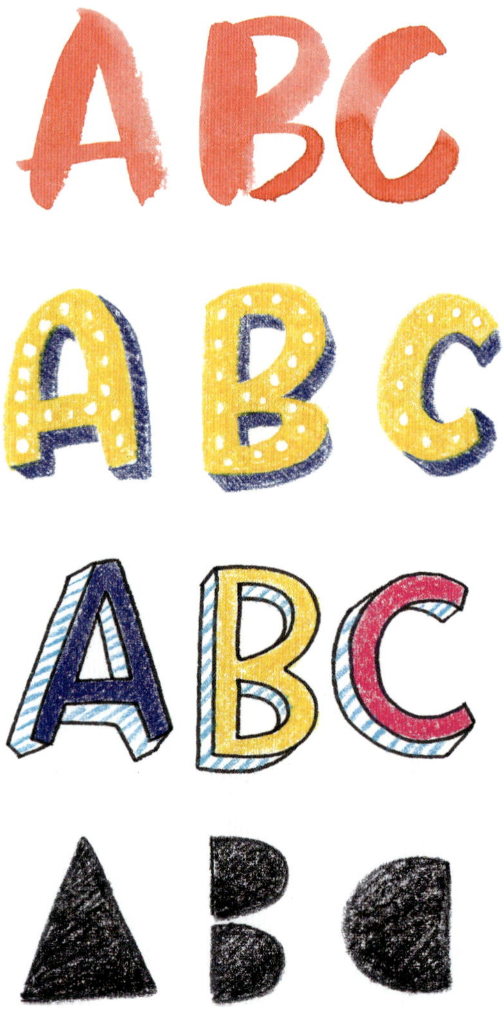

Anregungen zum Üben

Falls du noch unsicher bist, wie das Üben von Handlettering aussehen kann, hier ein paar Anregungen:

- Suche ein Thema, zu dem du Wörter oder Sprüche findest. Das können Zitate aus Filmen oder Teile aus Songtexten sein.
- Nimm dir ein Wort vor und zeichne es in vielen verschiedenen Stilen. Dick oder dünn, verschnörkelt, räumlich, ornamental.
- Versuche Wörter so zu zeichnen, dass die Form auch die Bedeutung widerspiegelt. Schreibe zum Beispiel romantische Dinge in einer Handschrift.
- Lege dir ein eigenes Alphabet an.

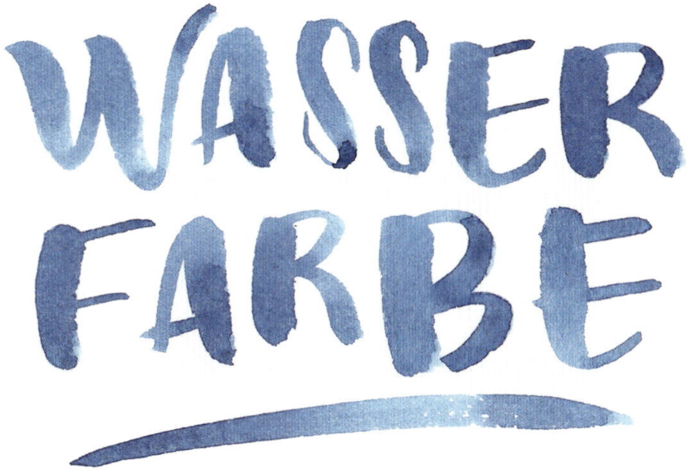

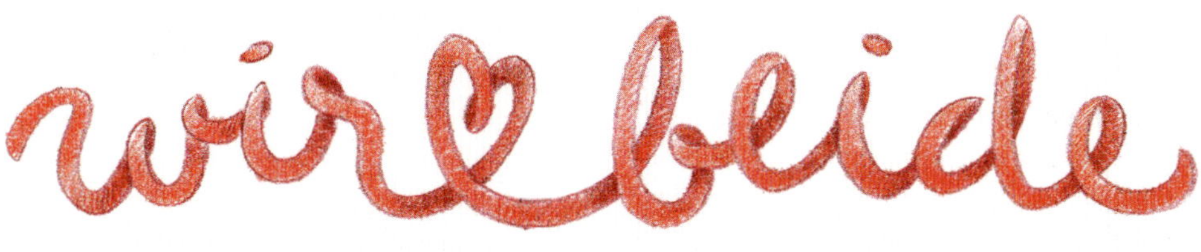

Tipp

Beginne als eine Art Übung. Buchstaben zu kopieren oder nachzuzeichnen. Verwende dafür Transparentpapier. Ein paar inspirierende Alphabete findest du ab Seite 90 und auf dem Vor- und Nachsatz. Zudem kannst du im Internet viele Webseiten mit Schriftensammlungen finden. beispielsweise auf www.myfonts.com oder du stöberst auf virtuellen Pinnwänden wie www.pinterest.com – die Anregungen dort sind unerschöpflich.

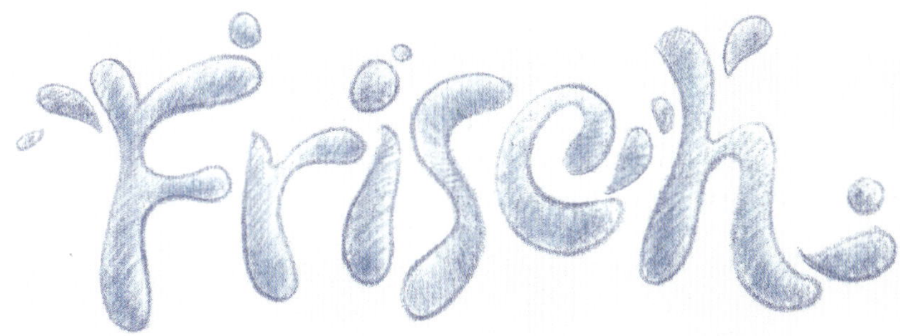

Schritt für Schritt

Jedem Handlettering-Projekt geht eine Reihe von Skizzen voraus. Ich beginne stets mit Bleistift und Papier. In der Entwurfsphase entwickelt sich eine Idee von der ersten groben Gedankenskizze hin zum finalen Lettering.

Alles beginnt mit einer Idee, einem Spruch oder Gruß vielleicht, die grob zu Papier gebracht wird. Dann gilt es, viele kleine Entscheidungen zu treffen: Es geht darum, die Komposition festzulegen und sich zu entscheiden, welche Schriften verwendet werden sollen. In wie viele sinnvolle Zeilen kann ich meinen Spruch gliedern? Welches Wort möchte ich hervorheben, welche sind nur „Füllwörter"? Ebenfalls wichtig ist es, schon jetzt die Schmuckelemente einzuplanen, da es hinterher schwierig sein kann, noch Ornamente einzubauen. In diesem Stadium sind die Skizzen noch klein und einfach.

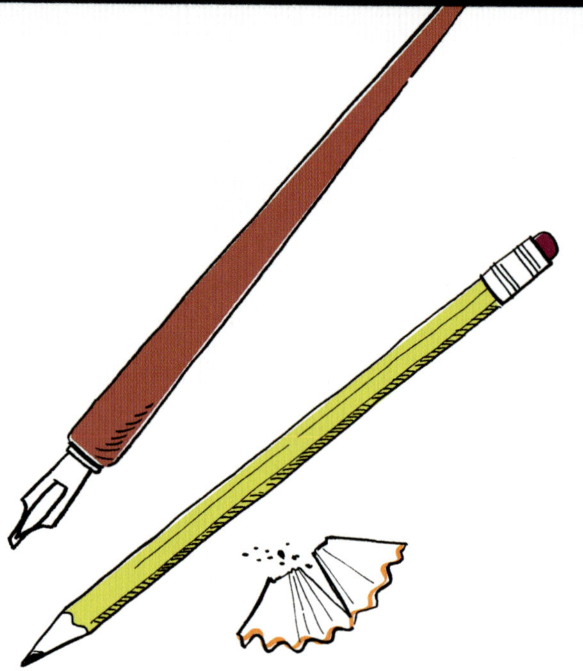

1 Habe ich mich für einen Entwurf entschieden, beginne ich mit der Ausarbeitung meist gleich in Originalgröße. Ich ziehe auf einem Skizzenpapier ein Gerüst aus Hilfslinien, das mir helfen soll, die Worte passend zu arrangieren. Eine senkrechte Achse hilft bei der mittigen Ausrichtung. Schmuckelemente werden grob skizziert. Die Raster ab Seite 102 können dazu eine Hilfestellung sein.
Im nächsten Schritt zeichne ich in mein „Gerüst" die Formen der Buchstaben ein. Dies muss noch nicht perfekt sein – schrittweise nähere ich mich dem finalen Entwurf.

2 Ich beginne die Buchstaben weiter auszuarbeiten. Einer Schreibschrift gebe ich zum Beispiel verschiedene Strichstärken, das erzeugt einen kalligrafischen Charakter. Großbuchstaben erhalten ebenfalls Substanz und vielleicht Serifen als Schmuck. Wichtig in dieser Phase ist, die Flächen auszuschraffieren, da du durch die Schwarz- und Weißräume besser beurteilen kannst, ob die Komposition ausgewogen ist. So erkenne ich auch, ob Buchstabenabstände stimmig sind.

3 An dieser Stelle kommt Transparentpapier ins Spiel. Ich pause das Lettering ab und kann über die Transparenz gut auf Abstände Einfluss nehmen, indem ich beim Zeichnen das Papier Buchstabe für Buchstabe bewege. Durch dieses Schieben, Drehen und Durchzeichnen optimiere ich den Entwurf Stück für Stück. Ich nehme gelungene Buchstaben mit, zeichne weniger gelungene neu. Das Lettering wird so immer definierter.
Es kann übrigens einige Lagen Transparentpapier erfordern, ehe der Entwurf zufriedenstellend ist.

4 Das finale Motiv übertrage ich schließlich auf ein schönes Papier oder eine andere Oberfläche. Bewährt hat sich hier ein Leuchttisch (Lightbox), es funktioniert aber auch mit einem Transferpapier (Graphitpapier) gut. Dabei ist es ratsam, die Vorlage gut zu fixieren und dann vorsichtig durchzuzeichnen, um „Schmierstellen" zu vermeiden.
Die Vorlage lässt sich beliebig oft vervielfältigen oder digitalisiert weiter bearbeiten.

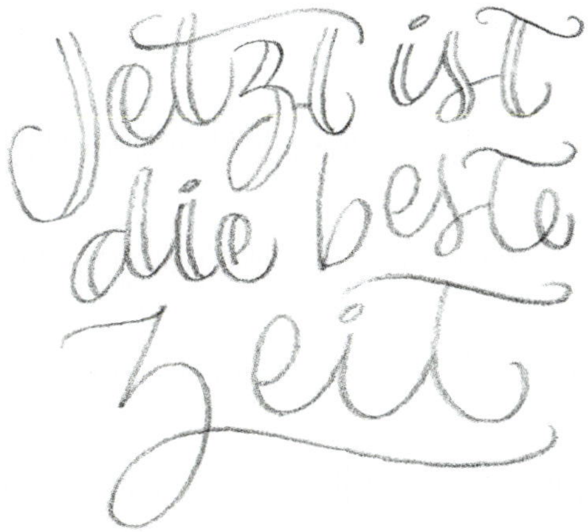

Tipp

Zwar ist die Kalligrafie eine ganz eigene Kunst, doch lässt sich auch ohne Kurs und mit etwas Übung ein „Kalligrafie-Look" simulieren. Dabei hilft es sehr, ein Gefühl dafür zu entwickeln, wie die unterschiedlichen Strichstärken zustande kommen. In kalligrafischen Schriften ist der Grundstrich, also der Strich, der abwärts verläuft, immer dicker.

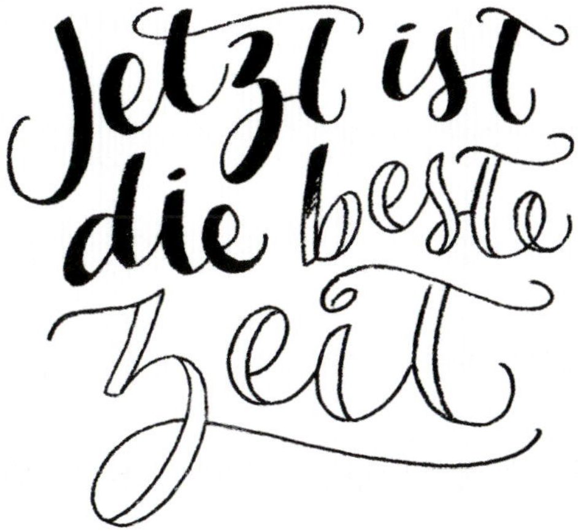

Banner zeichnen

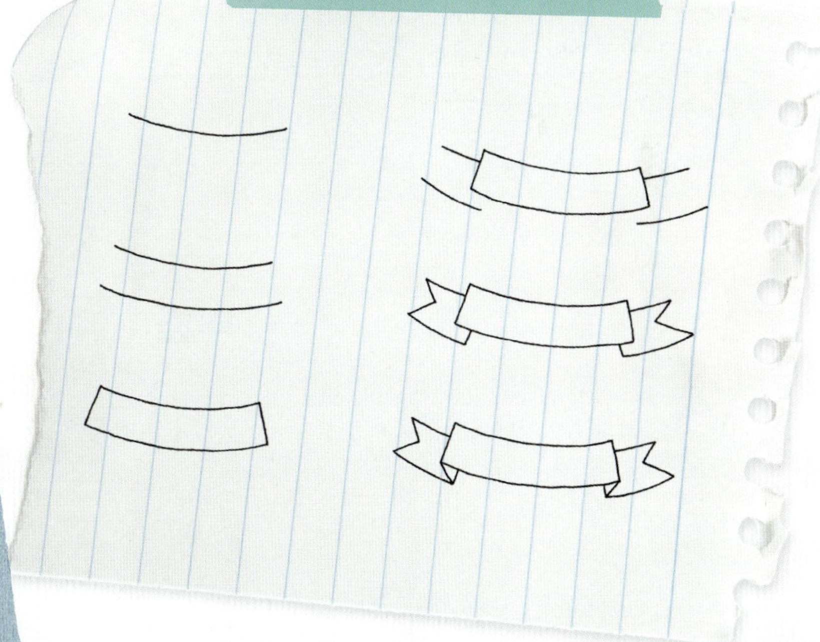

Tipp

Füge kleine Illustrationen hinzu, um den Inhalt zu unterstreichen oder schmücke dein Motiv mit Bannern, Girlanden oder anderen dekorativen Elementen. Anregungen hierfür findest du ab Seite 93.

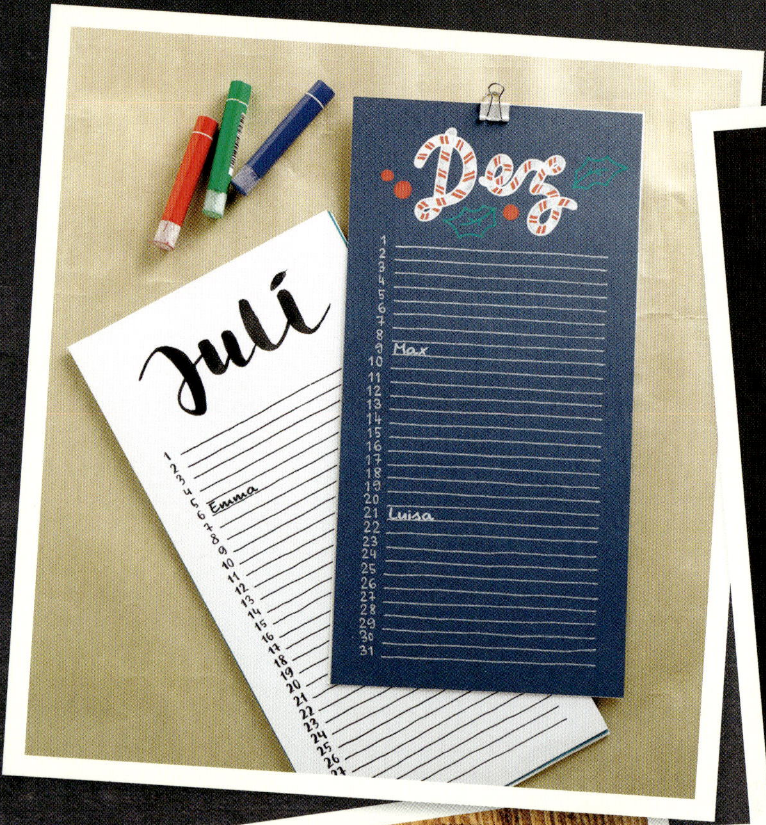
Dez
Max
Luisa
Juli
Emma

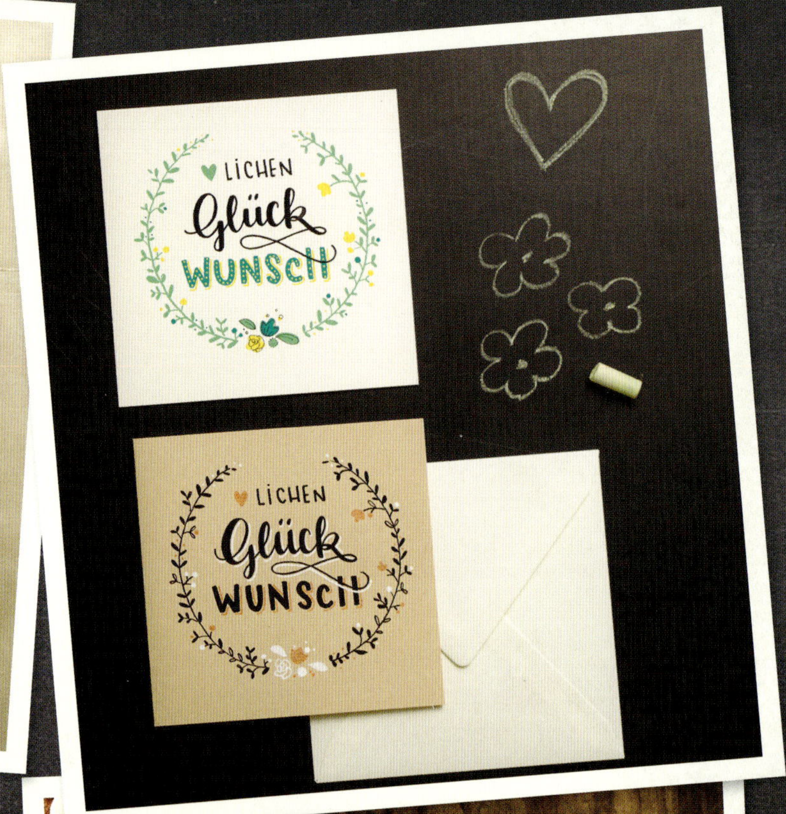
LICHEN
Glück
WUNSCH
LICHEN
Glück
WUNSCH

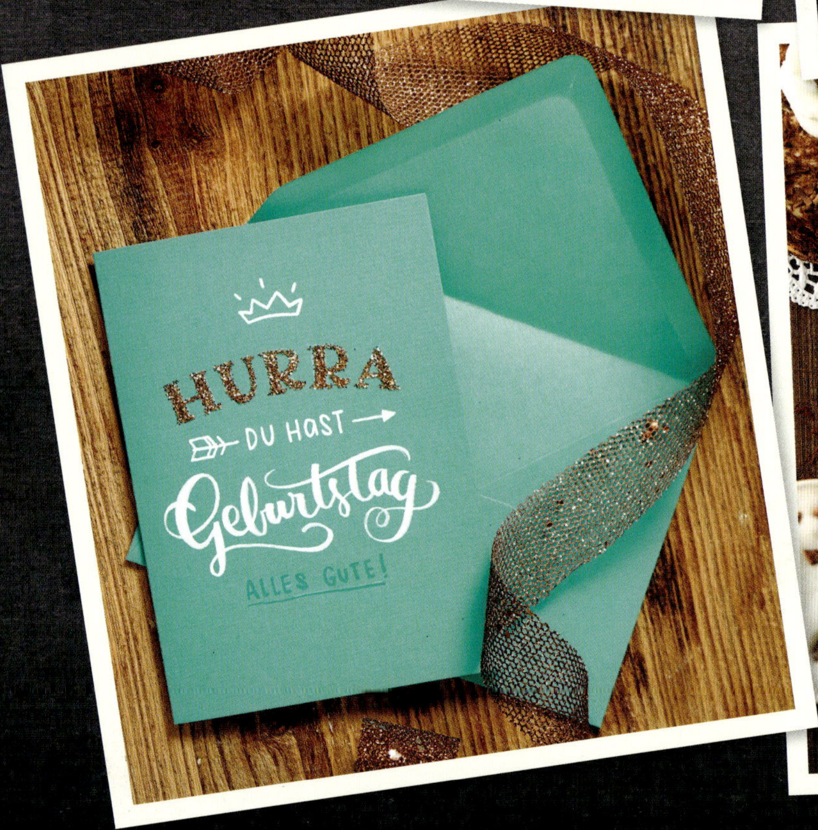
HURRA
DU HAST
Geburtstag
ALLES GUTE!

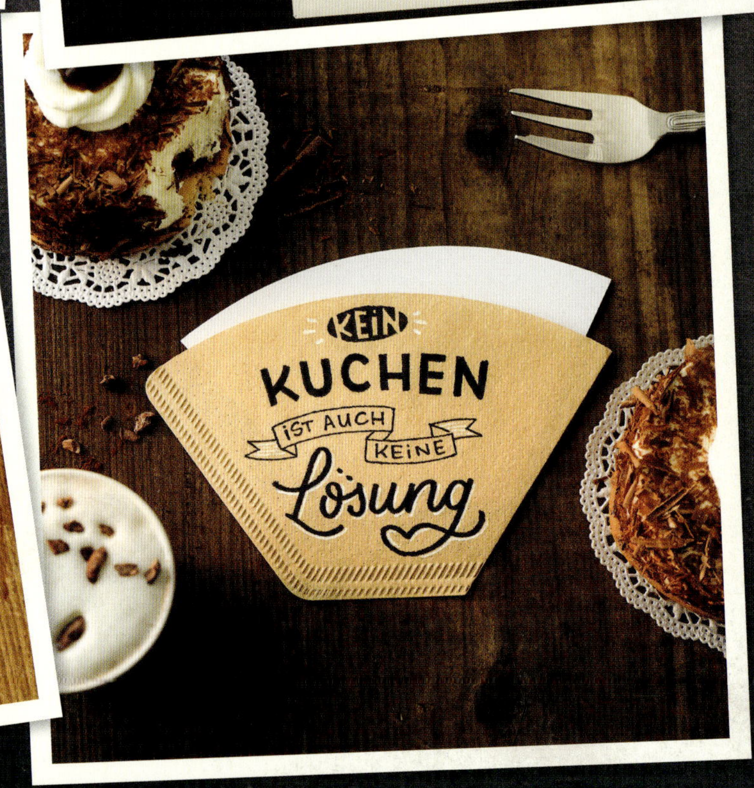
KEIN
KUCHEN
IST AUCH
KEINE
Lösung

Papeterie

In der Schule lernt man: Geschrieben wird auf Papier! Tische, Hände und Wände sind tabu. Auch Handlettering beginnt man am besten auf Papier. Ob Karten, Kalender oder Notizheft – alles schreit danach, mit Letterings gestaltet zu werden, denn Papier und Pappe verzeihen kleine Fehler. Wenn mal etwas daneben geht, versucht man es einfach auf einem neuen Blatt.

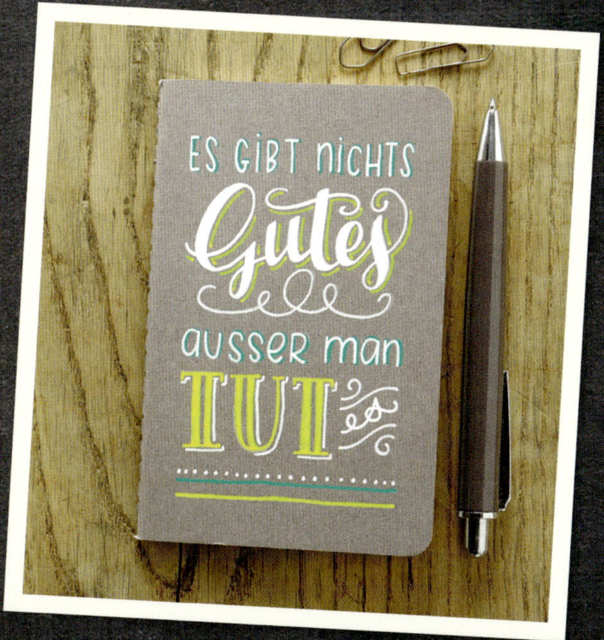

Herzige Glückwunschkarte

Diese dekorative Glückwunschkarte passt zu vielerlei Gelegenheiten. Farben können dabei eine unterstützende Rolle spielen. Ob in festlichem Glanz oder frühlingshaft frisch – lass dich von den Farben der Saison oder der Lieblingsfarbe des Beschenkten inspirieren.

DU BRAUCHST

farbige Klappkarte mit passendem Umschlag

verschiedenfarbige Stifte

Transparentpapier, Kohlepapier

Vorlage Seite 97

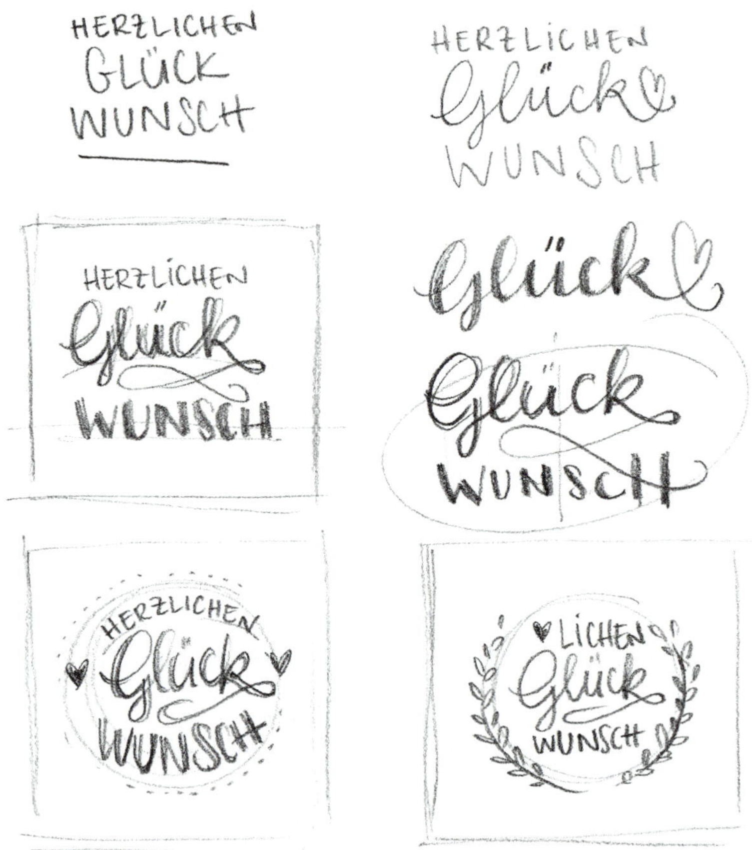

Für diese universelle Karte habe ich den Schriftzug „Herzlichen Glückwunsch“ gewählt. Das passt zu den meisten Gelegenheiten und lässt sich schön arrangieren. Um eine genaue Vorstellung davon zu bekommen, wie das aussehen kann, versuche ich zu Anfang einige leichte Bleistiftskizzen.

1 Für das quadratische Format der Klappkarte habe ich überlegt, die Glückwünsche durch einen Blumenkranz zu rahmen. Wir beginnen also mit einem Kreis und legen ein Grundraster aus Hilfslinien an, die im nächsten Schritt helfen sollen, die Wörter gerade und zentriert schreiben zu können.

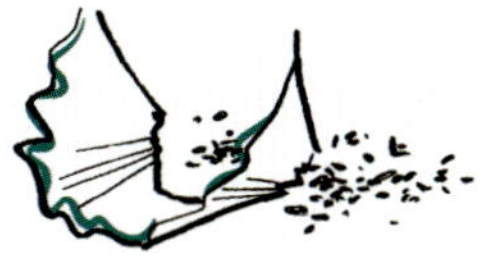

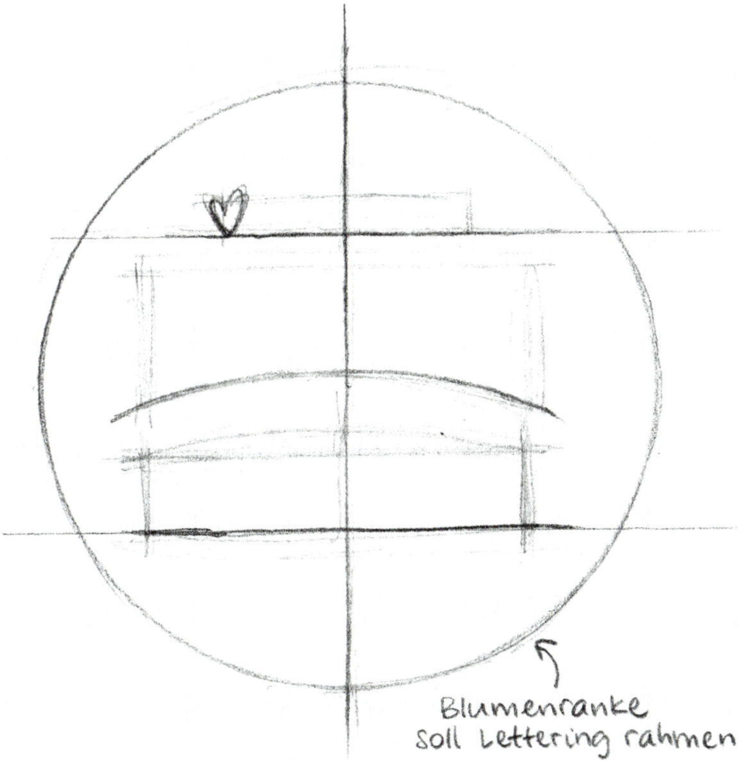

2 Nun kannst du die Wörter einfügen. Baue die Buchstaben aus Senkrechten, Waagerechten und Kurven. „Herzlichen“ habe ich gekürzt, indem ich die erste Silbe durch ein Herz ersetzt habe. So fügt sich das Wort schön in die kreisrunde Komposition ein.

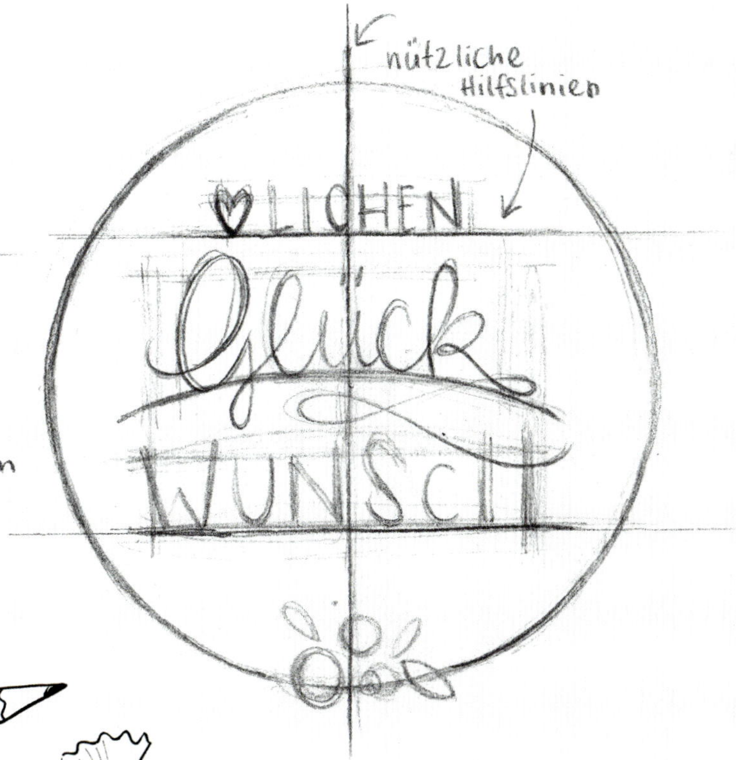

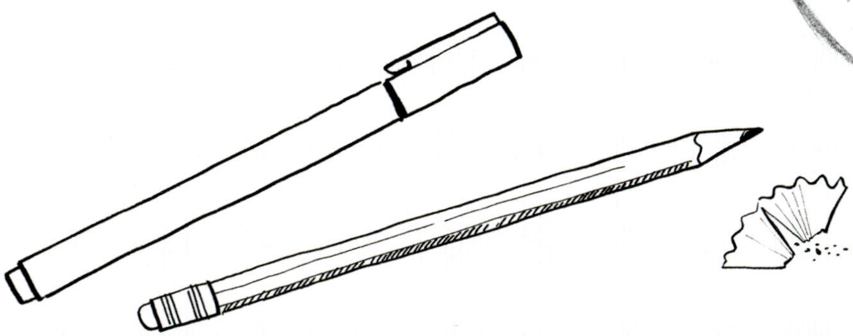

3 Diese Vorzeichnung arbeitest du weiter aus, indem du die Buchstaben nachfährst und somit ihre Form festigst. Wenn du die Strichstärken von „Glück“ variierst, simulierst du eine kalligrafische Schreibschrift. Skizziere anschließend die Blumenranke, füge Blätter und Blüten ein.

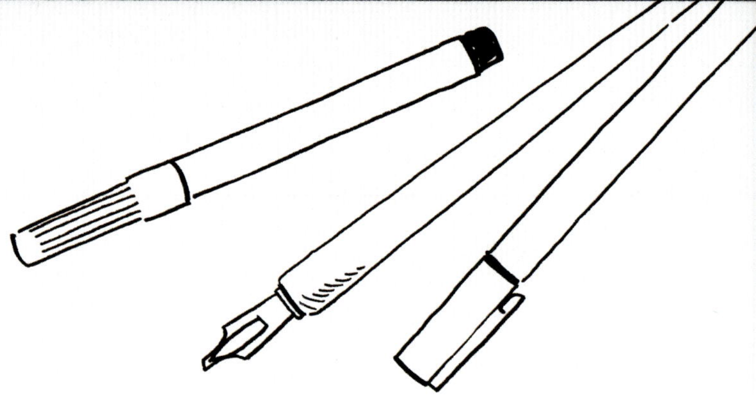

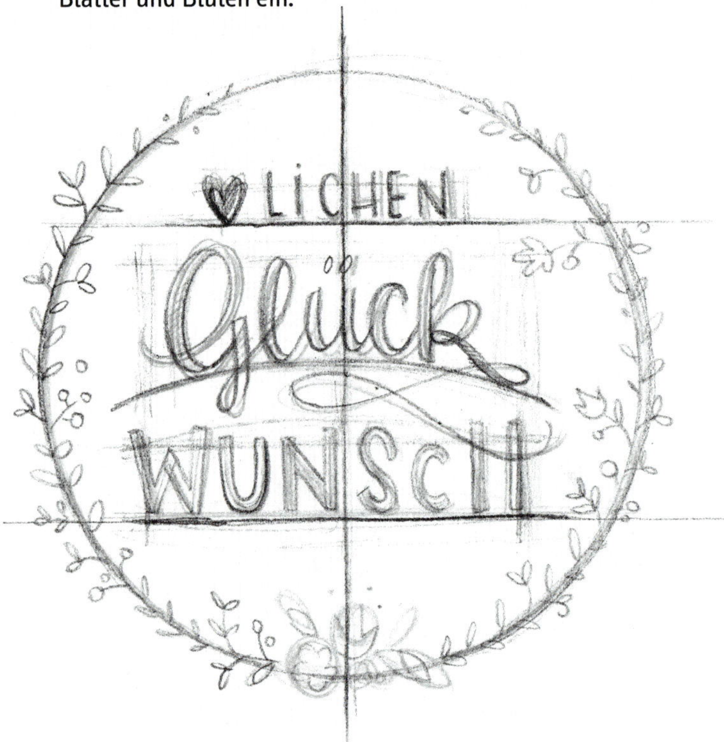

4 Die Zeichnung wird nun mit einem Fineliner fertig gestellt. Pause das Motiv auf ein Transparentpapier, das macht es später leichter, das Lettering korrekt auf der Karte zu platzieren. Letzte Details werden eingefügt, wie etwa Schatten oder schmückende Elemente.

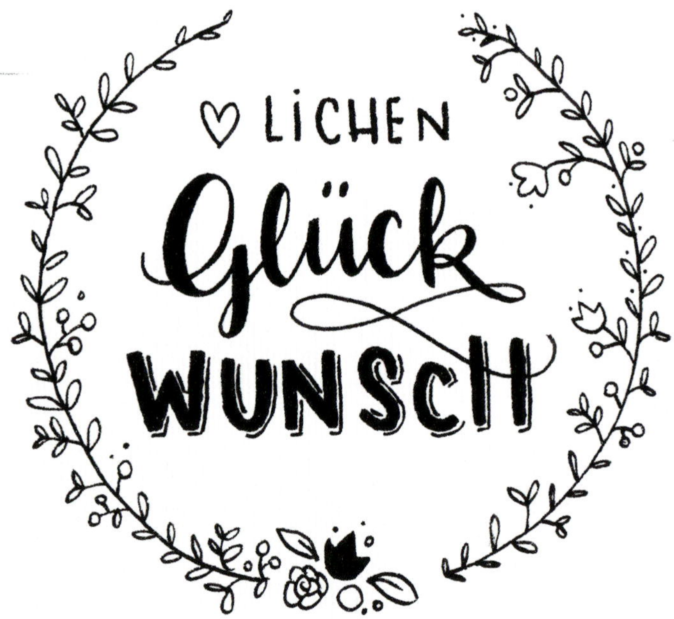

Finishing

Mithilfe von Kohlepapier kannst du diese Vorlage auf die farbige Klappkarte übertragen.

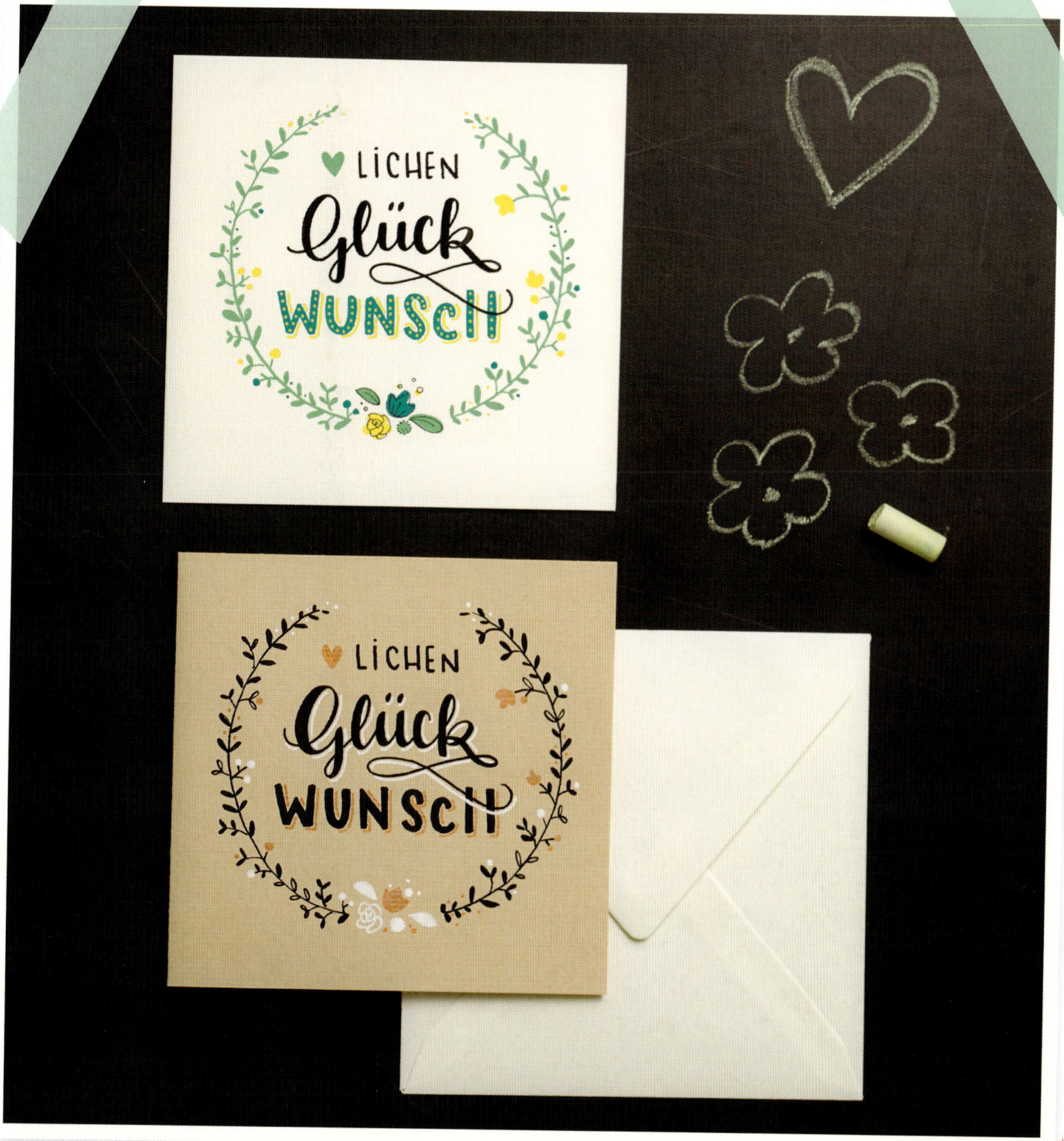
♥ LICHEN
Glück
WUNSCH
♥ LICHEN
Glück
WUNSCH

Funkelnde Geburtstagskarte

Mit Streuflitter setzt du auf jeder Glückwunschkarte funkelnde Akzente. Der Geburtstag ist nur ein festlicher Anlass von vielen, genauso kannst du so stilvoll zur Hochzeit gratulieren oder frohe Weihnachten wünschen.

DU BRAUCHST

farbige Klappkarte mit passendem Umschlag

Flitterkleber

Glitter

farbige Marker

evtl. dünner Pinsel

Vorlage S. 97

Beginne mit leichten Bleistiftskizzen und arrangiere die Wörter zu einer Komposition. Überlege dir schon jetzt, welches Wort dir wichtig erscheint und am Ende mit Glitter veredelt werden soll. Es bedarf am Anfang einiger Skizzen, ehe du einen Entwurf vor dir hast, der deinen Vorstellungen entspricht. Nur Geduld.

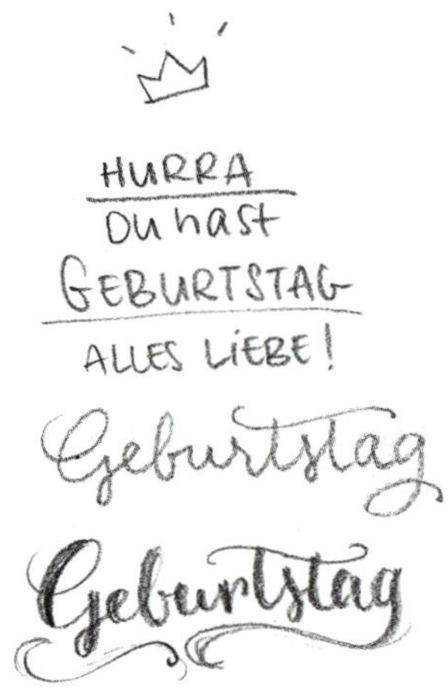

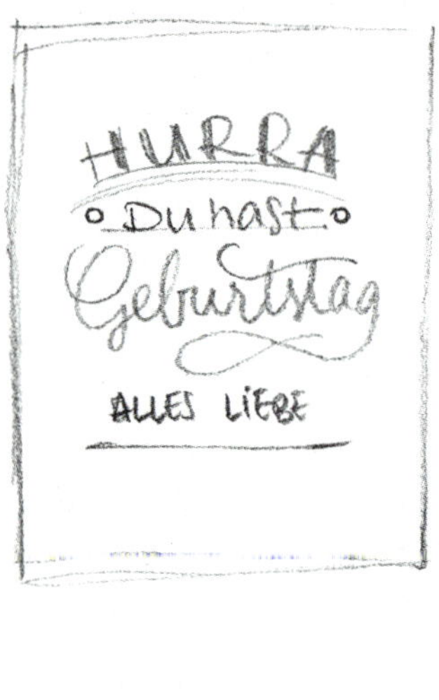

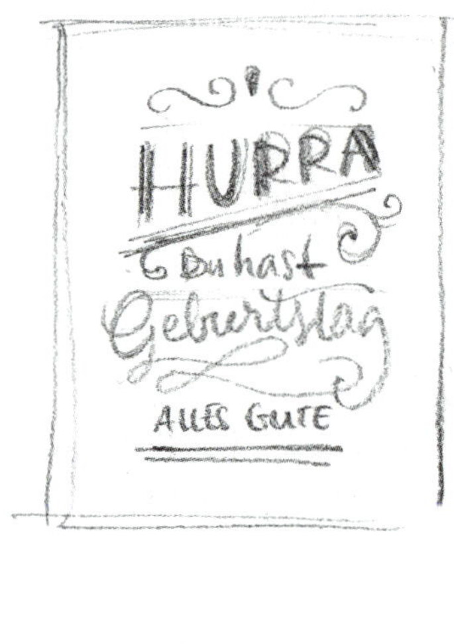

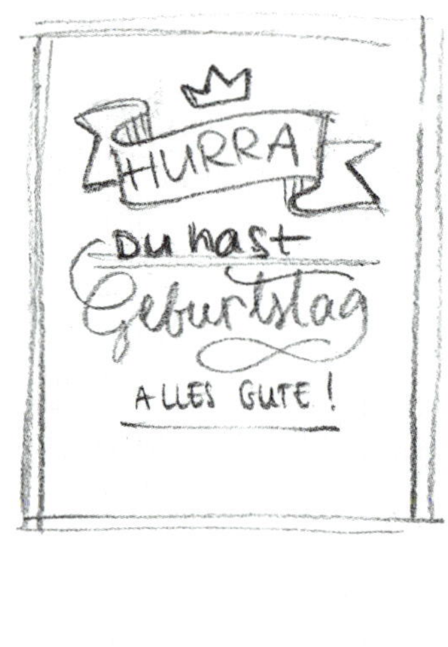

1 Wenn dir ein Entwurf gefällt, übertrage ihn in Originalgröße. Lege dazu im ersten Schritt ein Grundraster aus Hilfslinien an. An einer Mittelachse kann man das zentrierte Lettering gut ausrichten.

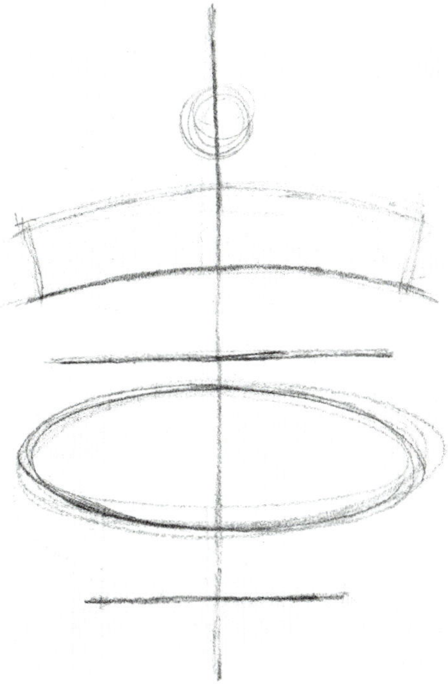

2 Fange im nächsten Schritt damit an, die Wörter zu zeichnen und füge gleich wichtige Gestaltungselemente wie die Krone ein. Schreibe ein Wort in deiner schönsten Handschrift. Lasse dich dabei von den Alphabeten ab Seite 90 inspirieren.

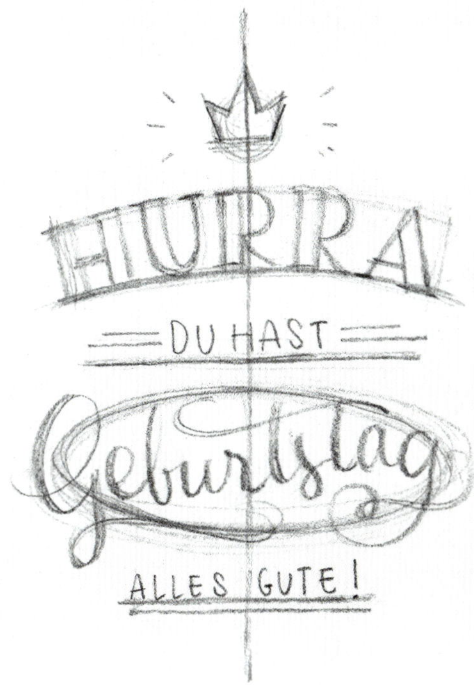

3 Simuliere die unterschiedlichen Strichstärken einer Schreibschrift, indem du den Grundstrich verdickst. Ein Gefühl dafür, wie sie verlaufen, bekommst du, wenn du es mit einem Pinsel versuchst. Das bedarf allerdings einiger Übung.

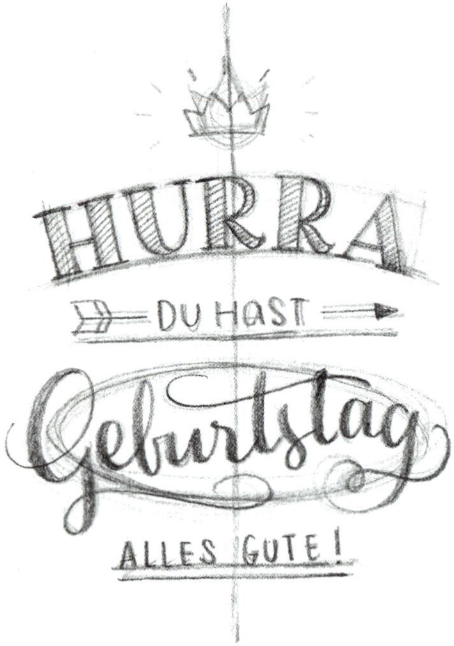

4 Füge mehr Details hinzu, beispielsweise schmückende Elemente wie die Krone oder den Pfeil. Die finale Zeichnung paust du mit einem Fineliner auf Transparentpapier ab. So kannst du noch einmal auf Zeilenabstand und eine zentrierte Ausrichtung des Motivs Einfluss nehmen.

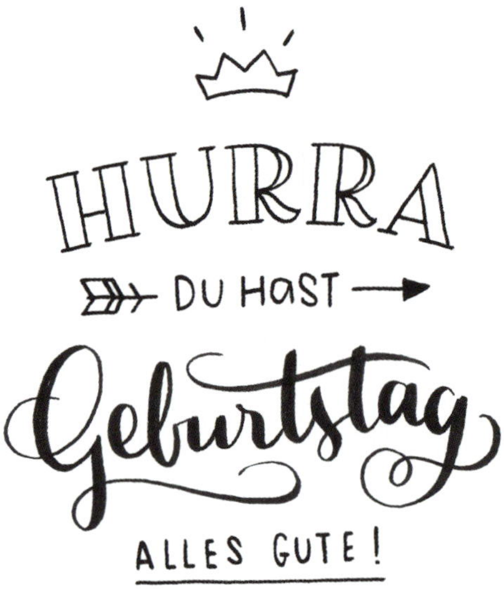

Finishing

Übertrage diese Vorlage mithilfe von Kohlepapier auf die farbige Klappkarte. Nun kommt der spannende Teil: Nimm den Flitterkleber zur Hand und „schreibe“ das Highlight. Durch die dünne Spitze lässt sich der Klebstoff präzise auftragen. Für filigrane Details kann dir auch ein dünner Pinsel helfen. Streue den Glitter darüber, lass alles antrocknen und klopfe den Rest ab. Den Glitter kannst du anschließend fixieren, indem du die Karte leicht mit Haarspray besprühst. Achte auf genügend Abstand.
Die übrigen Wörter und Details werden mit farbigen Markern nachgezeichnet.

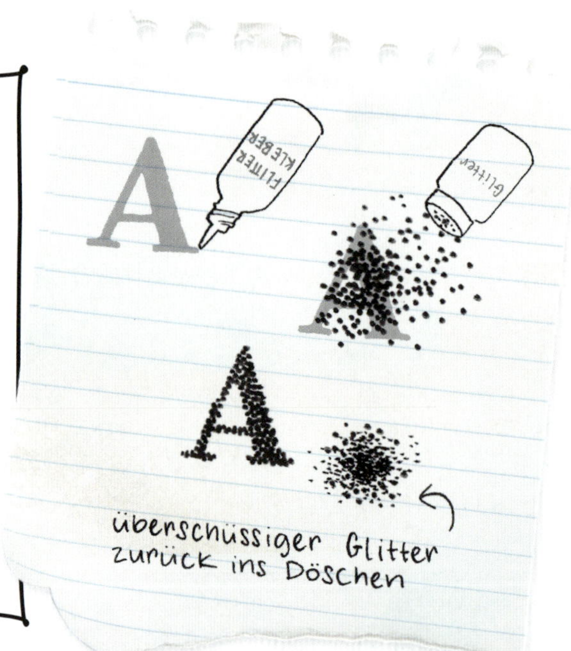

Tipp

Kohlepapier erhälst du in Schwarz oder Weiß. Welches du verwendest, kommt ganz auf den Untergrund an. In diesem Fall habe ich weißes Kohlepapier verwendet.

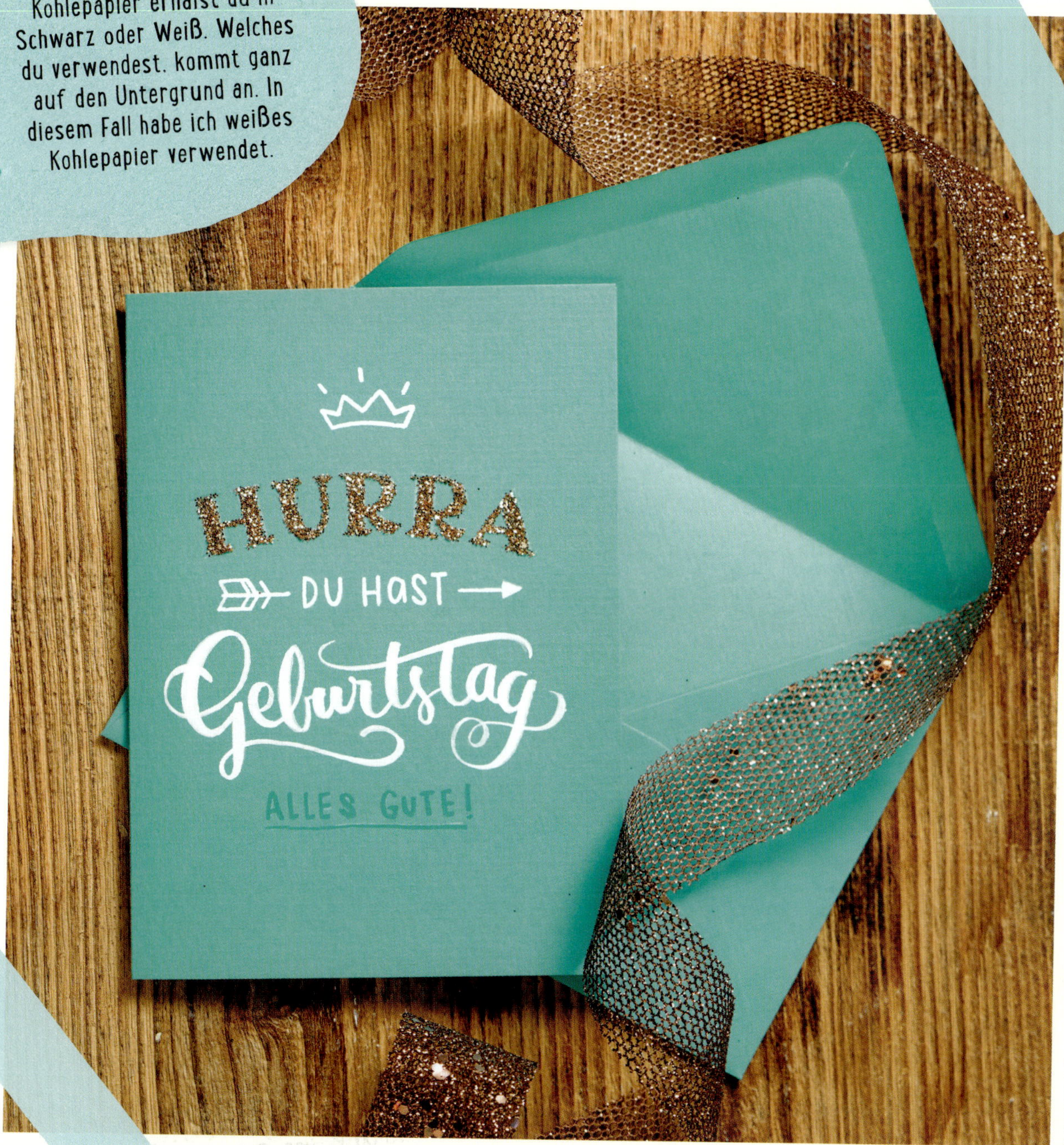

Einladung zum Kaffeekfatsch

Eine Einladung zum Kaffeeklatsch wirkt besonders schön, wenn sie mit einem Handlettering selbst gestaltet ist. Wer da nicht auf ein Stück Kuchen vorbeikommt, ist selber schuld.

DU BRAUCHST

Kaffeefilter:
hier kleine Filtertüten Gr. 101

farbige Fineliner
oder Filzstifte

eventuell Umschlag

Vorlage S. 97

Für eine Einladung zum Kaffeekränzchen habe ich den guten, alten Kaffeefilter zweckentfremdet. Die Filtertüten gibt es in verschiedenen Größen. Die hier verwendete, kleine Filtertüte (101) passt in einen C6-Umschlag. Die Form des Filters gibt den Raum für das Lettering vor. Zuerst bedarf es wieder einiger Bleistiftskizzen und verschiedener Ansätze.

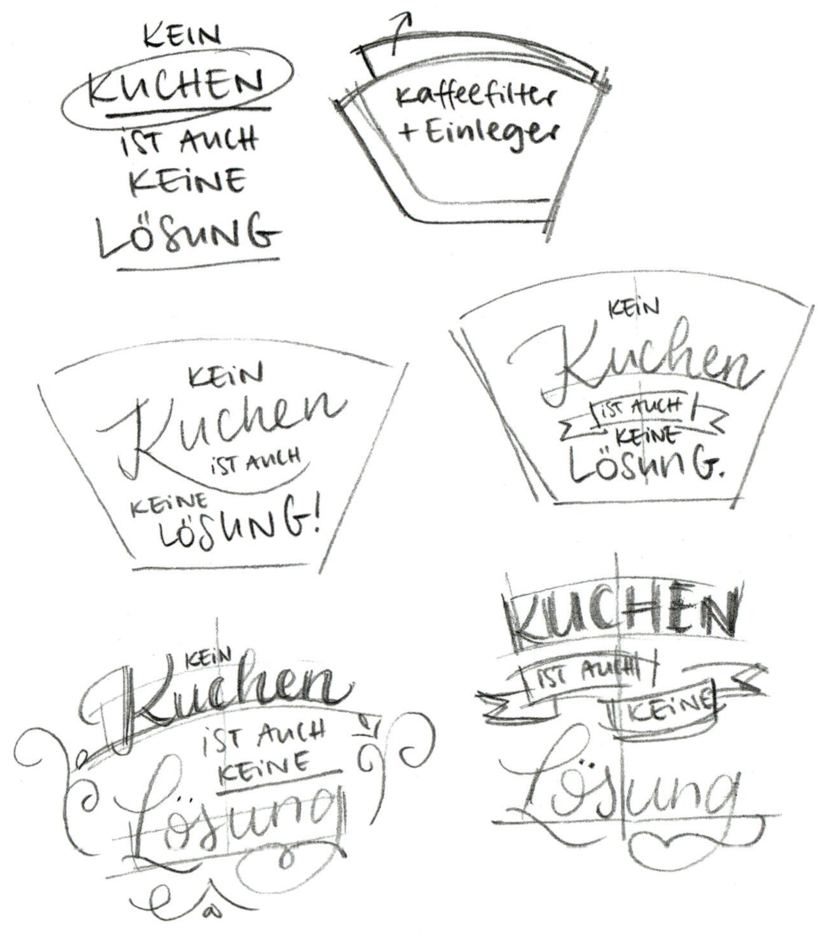

1 Nimm die Maße der Filtertüte und zeichne Mittelachse und Hilfslinien als Gerüst für das Lettering. Auch die Banner brauchen genügend Raum in der Komposition.

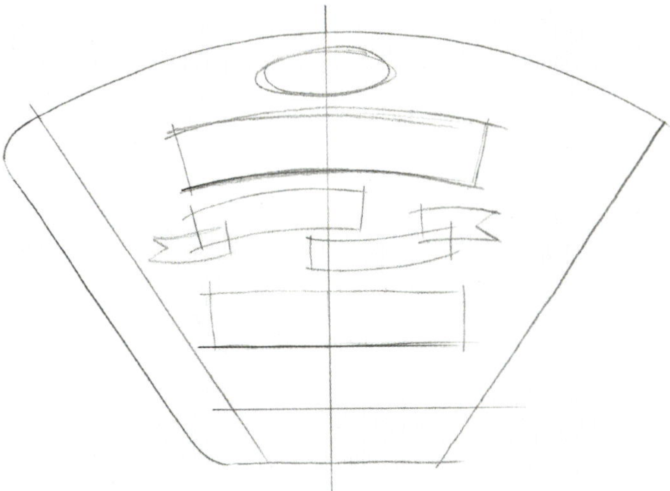

2 Zeichne nun die Wörter in einfachen Formen hinein. „Kuchen“ und „Lösung“ sind als Eyecatcher größer als die Füllwörter. Achte schon jetzt auf gleichmäßige Abstände. Du kannst aber auch immer wieder korrigieren, sei es mit einem Radiergummi oder mit der „Transparentpapier-Technik“, wie auf Seite 18 beschrieben.

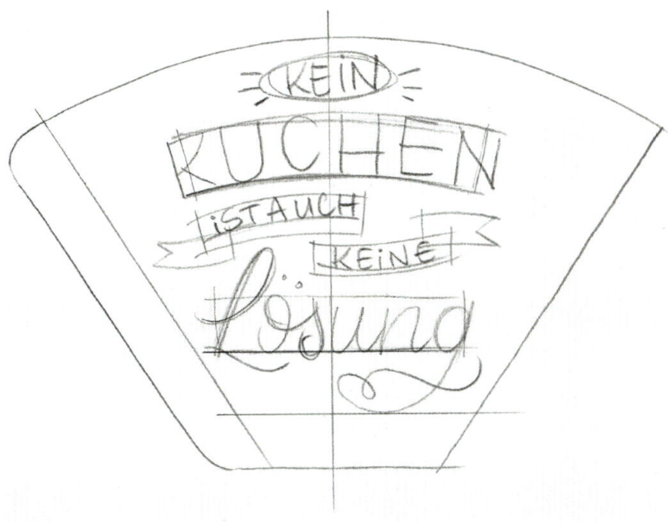

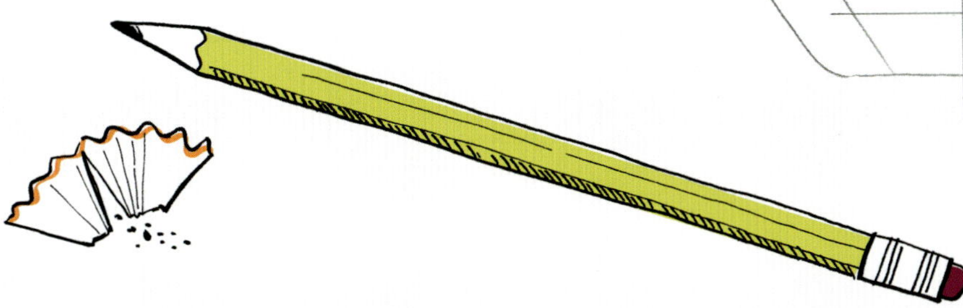

3 Definiere und korrigiere nun deine Buchstaben weiter. „Kuchen“ bekommt mehr Substanz. Wichtig hierbei ist, die Formen auszufüllen, denn durch die Schwarz-Weiß-Kontraste lässt sich besser beurteilen, ob die Komposition ausgeglichen ist.

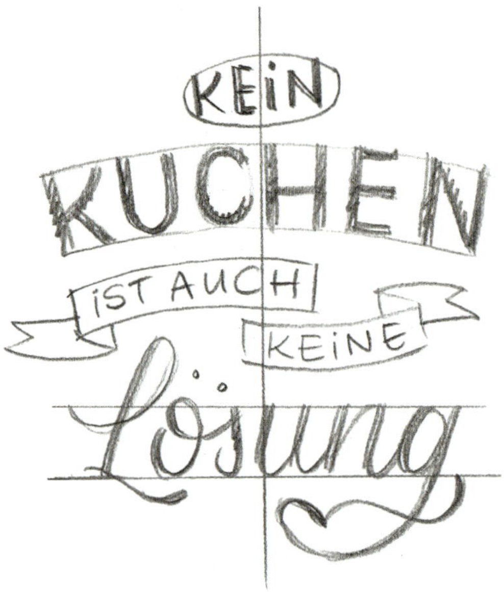

4 Ist das Lettering fertig, kannst du mit einem Fineliner eine saubere Vorlage abpausen. Durch den hohen Kontrast lässt sich das Motiv mittels Leuchttisch gut auf die Filtertüte übertragen.

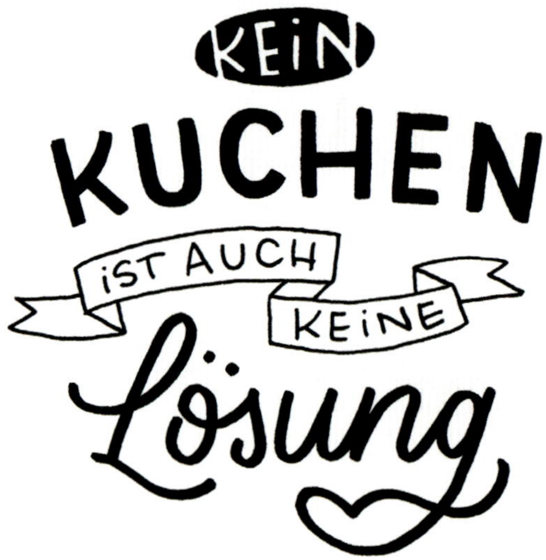

Finishing

Wer keine Lightbox zur Verfügung hat, kann sich mit Graphitpapier behelfen. Das gibt es nicht nur in Schwarz, sondern auch in anderen Farben und in Weiß. Fixiere deine Vorlage auf der Filtertüte, lege ein Stück Graphitpapier dazwischen und fahre das Lettering nach. So überträgt sich das Motiv auf den Kaffeefilter. Mit farbigen Stiften bringst du das Projekt zu Ende. Ich empfehle, zunächst verschieden Stifte auf einer separaten Filtertüte zu testen. Der Grund: Das Material ist rau und sehr saugfähig, viele Stifte bluten hier stark aus. Verweile also nicht zu lange mit der Stiftspitze auf dem Papier.

Lege noch ein paar persönliche Worte und Daten, die du auf ein gesondertes Stück Papier geschrieben hast, in den Kaffeefilter ein.

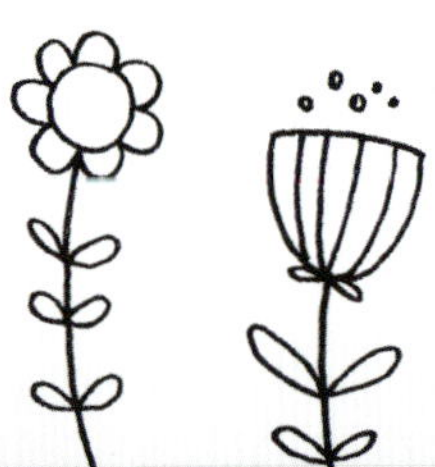

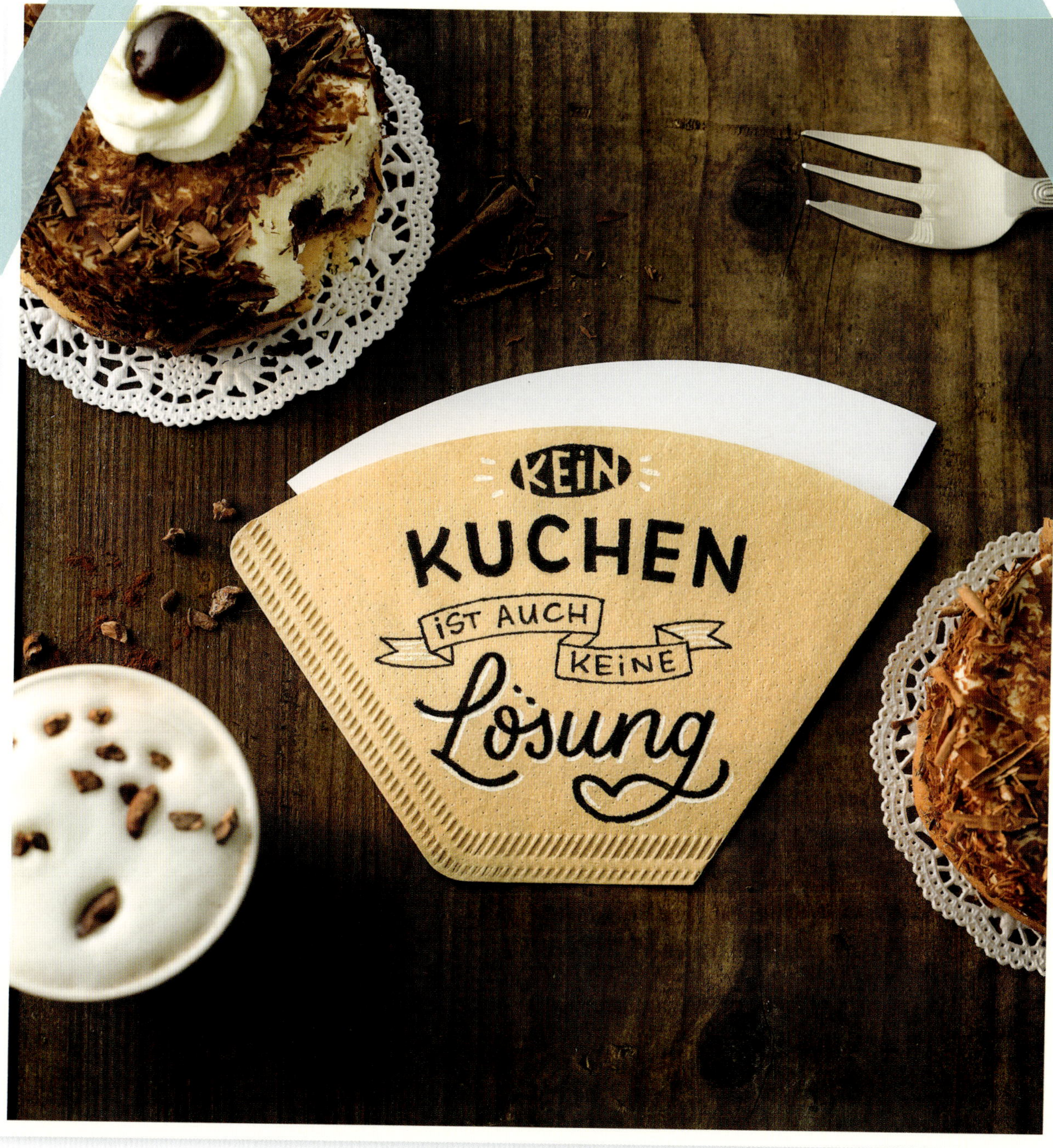
KEIN
KUCHEN
IST AUCH
KEINE
Lösung

Motivierendes Notizheft

DU BRAUCHST

Notizheft deiner Wahl

farbige Marker

Vorlage S. 95

Ein kleines Notizheft passt in jede Tasche. Es ist ideal für Dinge, die man sich merken möchte, für spontane Ideen und Skizzen. Mit einem eigens gestalteten Cover wird es zum Hingucker.

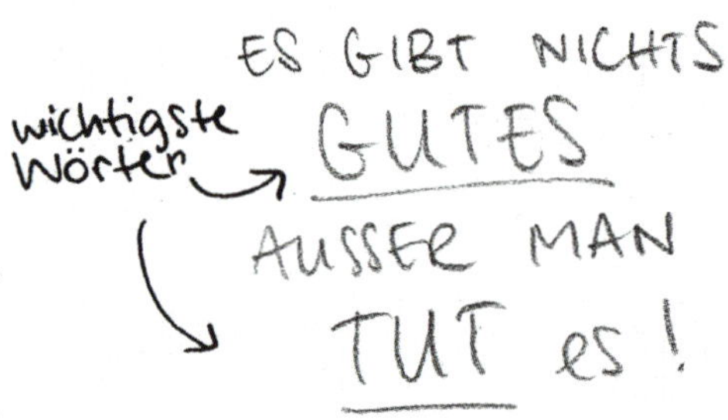

Wähle dein Lieblingszitat und halte dir vor Augen, welche Wörter dir wichtig sind – diese werden besonders groß oder schön gestaltet. Skizziere mit Bleistift grobe Umrisse und finde eine Komposition. Versuche verschiedene Ansätze und mache viele kleine Zeichnungen.

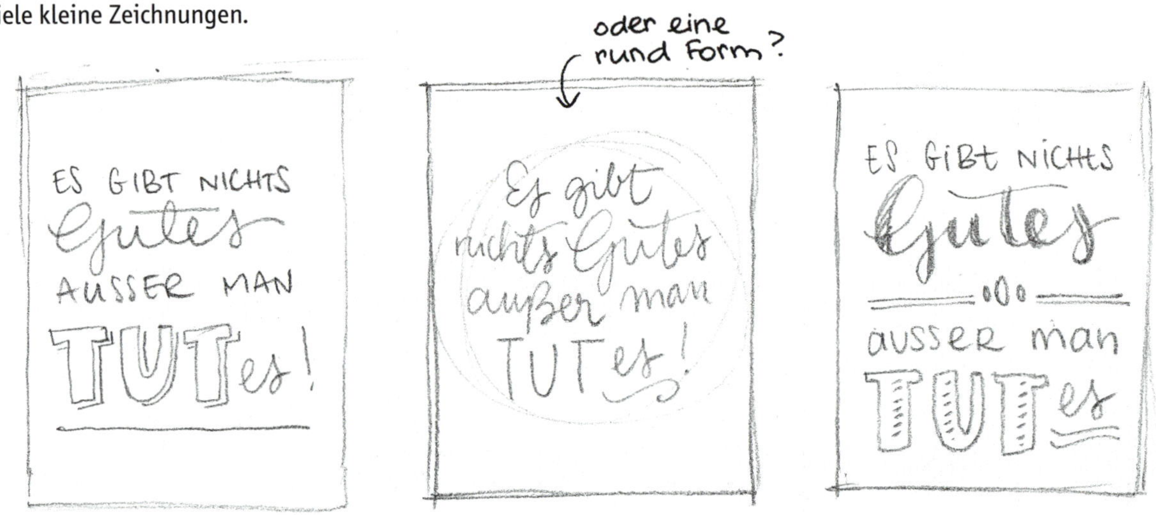

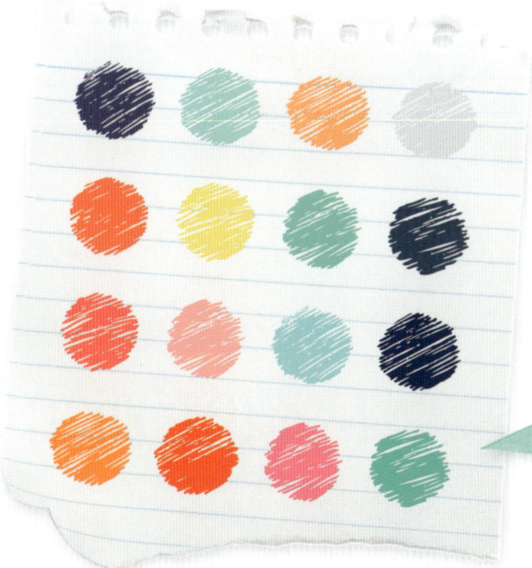

Tipp

Mut zur Farbe! Es ist nicht alles schwarz und weiß, darum probiere verschiedenfarbige Marker aus. Verwende deine Lieblingsfarbe oder spiele mit Kontrasten.

1 Übertrage deinen Lieblingsentwurf in Originalgröße. Lege dazu im ersten Schritt wieder das Grundraster aus Hilfslinien an. Das macht es einfach, gerade oder in einem sauberen Bogen zu schreiben. Auch hier ist eine Mittelachse sinnvoll, um die Gesamtkomposition gut auszurichten.

2 Im nächsten Schritt fülle die Komposition mit Wörtern. Kombiniere Blockbuchstaben mit einer Schreibschrift, das bringt Spannung. Das Wort „tut" kannst du sehr schön durch fette Großbuchstaben hervorheben. Lücken lassen sich gut mit Schnörkeln oder Linien füllen.

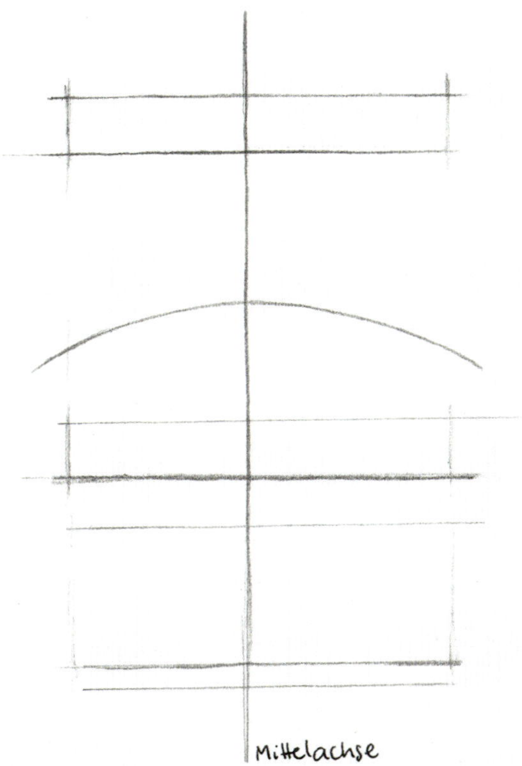

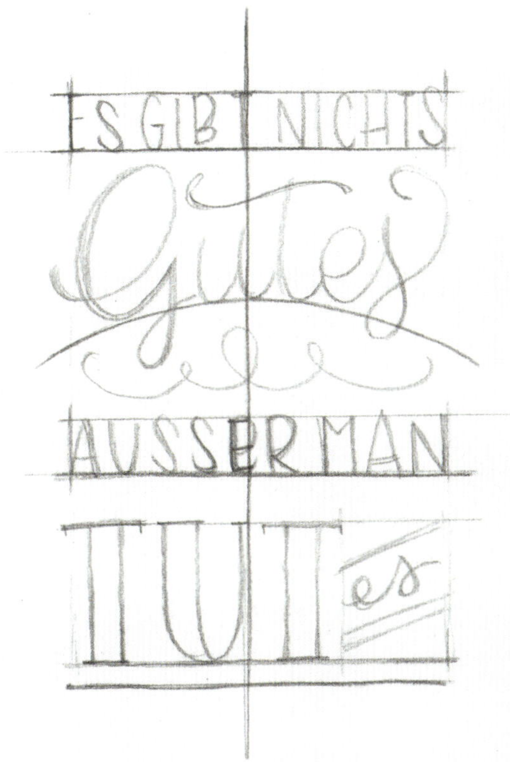

3

Nun arbeitest du das Motiv weiter aus. Simuliere die unterschiedlichen Strichstärken einer Schreibschrift, indem du den Grundstrich der einzelnen Buchstaben verstärkst (siehe Seite 19). Überlege, wie du die fetten Großbuchstaben dekorativ füllen kannst.
Überzeichne gelungene Wörter, radiere Buchstaben, die dir nicht gefallen weg und versuche es erneut.

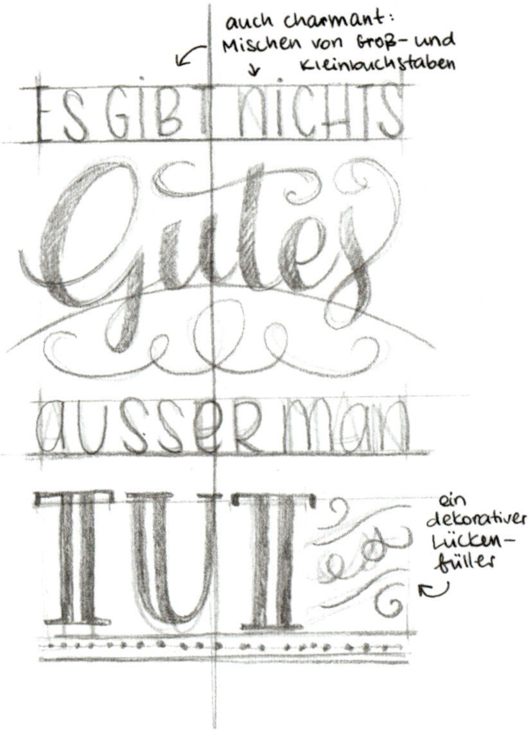

4

Füge weitere Details wie schmückende Elemente, dekorative Linien oder Schnörkel hinzu. Oder gestalte das Motiv plastischer, indem du den Buchstaben Schattenlinien hinzufügst.
Die finale Zeichnung paust du auf Transparentpapier mit einem Fineliner ab. So kannst du noch einmal auf den Zeilenabstand und eine zentrierte Ausrichtung des Motivs Einfluss nehmen.

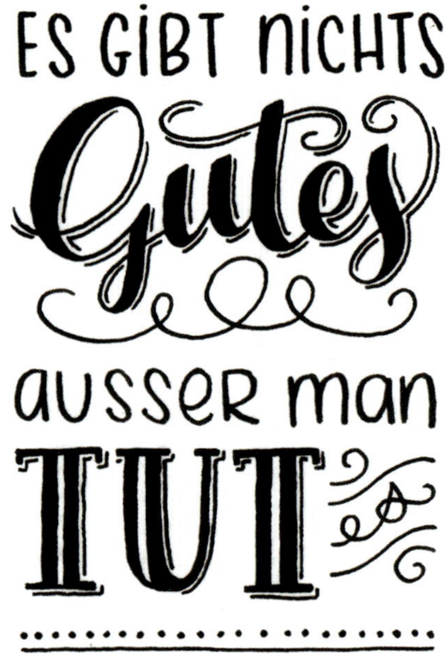

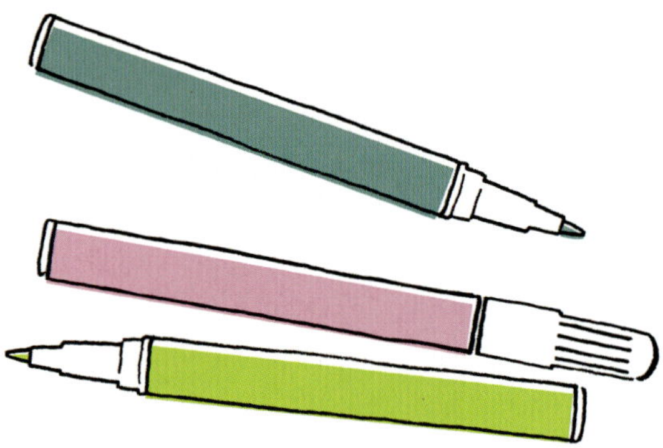

Finishing

Nimm das Notizheft zur Hand. Positioniere die Vorlage vorsichtig mit einem Kreppband auf dem Einband und schiebe das Kohlepapier darunter. Mit einem Bleistift oder Kugelschreiber überträgst du das Motiv auf das Cover. Stelle das Lettering mit Markern in verschiedenen Stärken fertig.

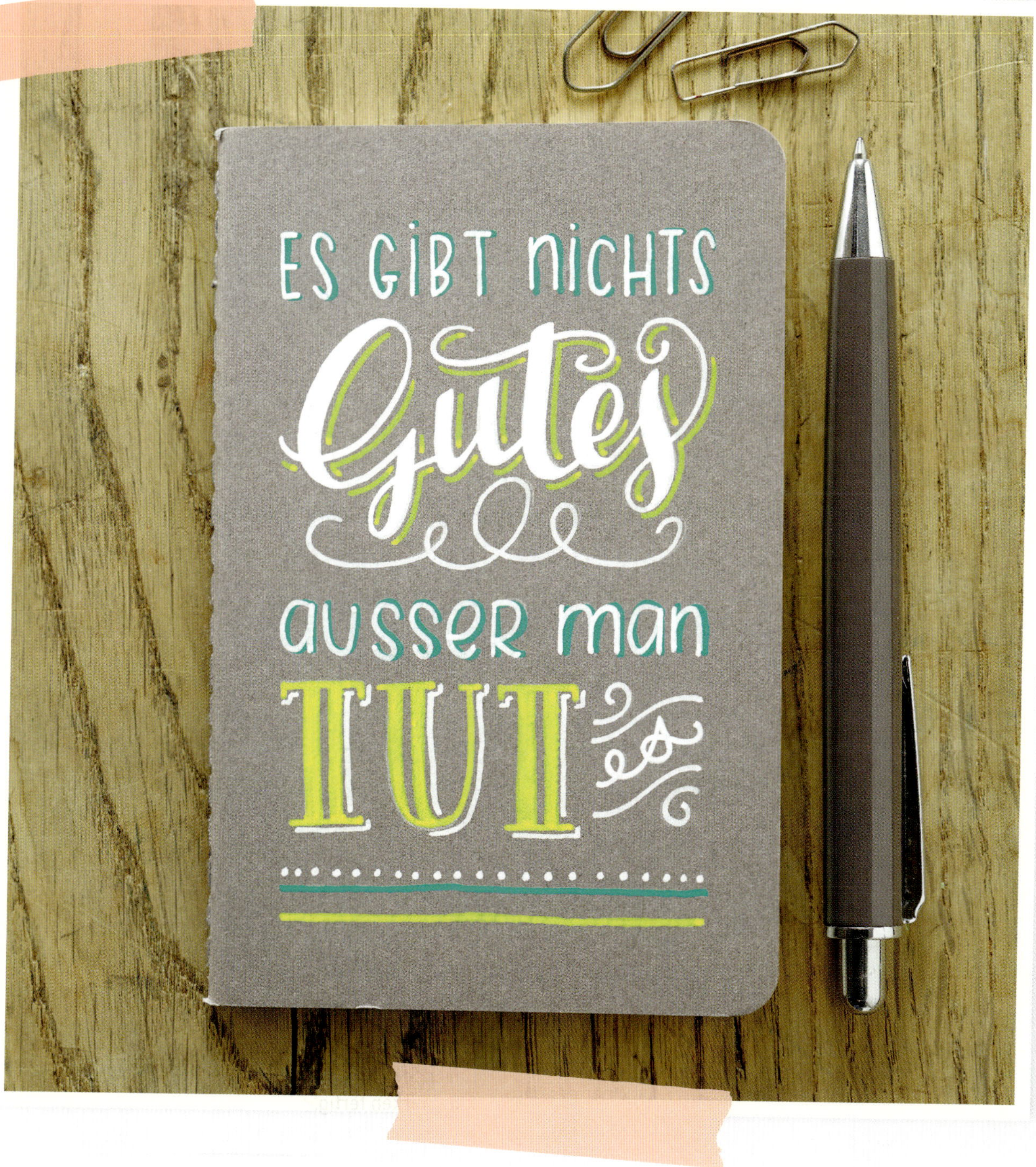
ES GIBT NICHTS
Gutes
AUSSER MAN
TUT

Besonderer Geburtstagskalender

Mit einfachen Mitteln lässt sich ein individueller Kalender gestalten, mit dem du keinen Geburtstag mehr vergisst.

DU BRAUCHST

verschiedenfarbigen Tonkarton

verschiedenfarbige Stifte

Tusche oder Wasserfarbe, Pinsel

Klammern oder Kordel, Bänder

Bevor du beginnst, mache dir Gedanken über das Format des Geburtstagskalenders und bereite anschließend die Bogen für die Kalenderblätter vor. In diesem Fall habe ich das Format 15 cm × 30 cm gewählt.

Allen Seiten gemeinsam sind die Zeilen für die einzelnen Tage. Auch das lässt sich vorbereiten – am besten in Form eines Rasters, das du auf jedes Kalenderblatt übertragen kannst. Auf meinem Kalender beträgt der Zeilenabstand 7 mm.

Hier einige Inspirationen, wie du die einzelnen Monate ganz unterschiedlich gestalten kannst. Exemplarisch zeige ich dir noch drei Motive etwas detaillierter.

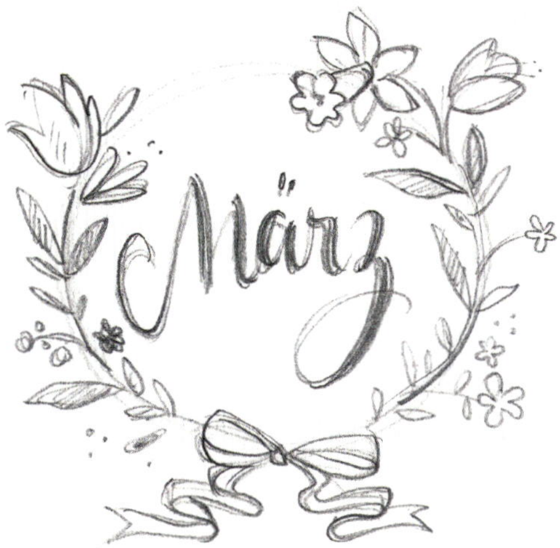

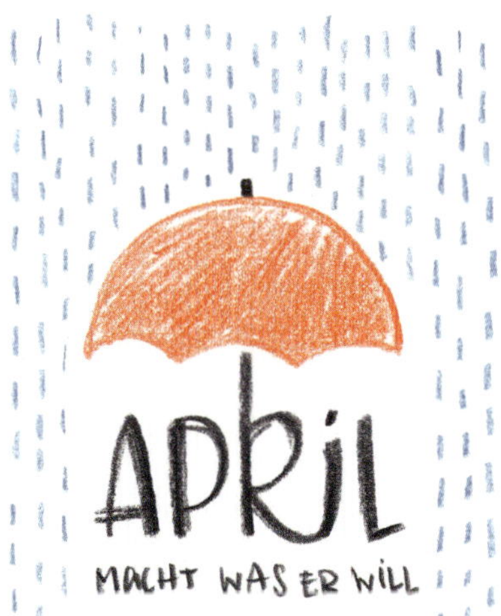

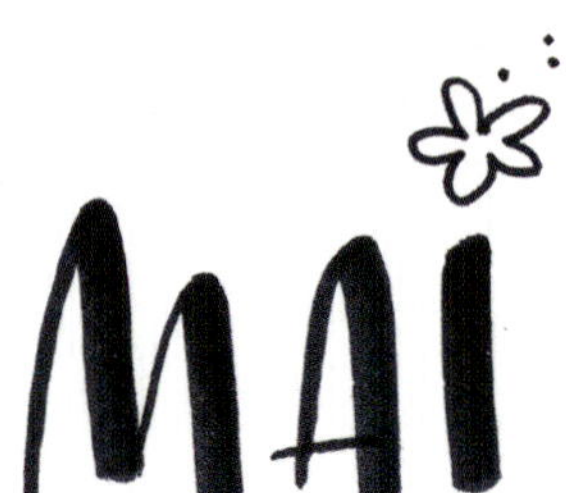

Kalligrafisch gestaltete Buchstaben

Für die Arbeit mit Pinsel und Tusche bedarf es ein wenig Vorbereitung. Übe, bevor du die Wörter auf das Kalenderblatt schreibst, auf Schmierpapier. Auf diese Weise erarbeitest du dir die Form und den Schwung der Buchstaben. Das macht diese Variante so intuitiv und spannend.
Schreibe die Wörter seitenweise, spontan und locker aus dem Handgelenk. Wenn du dich sicher fühlest, nimm dir die Kalenderblätter vor.
Es kann helfen, die grobe Form mit einem Bleistift leicht vorzuzeichnen. Folge dann den Linien, wenn du den Pinsel schließlich ansetzt.

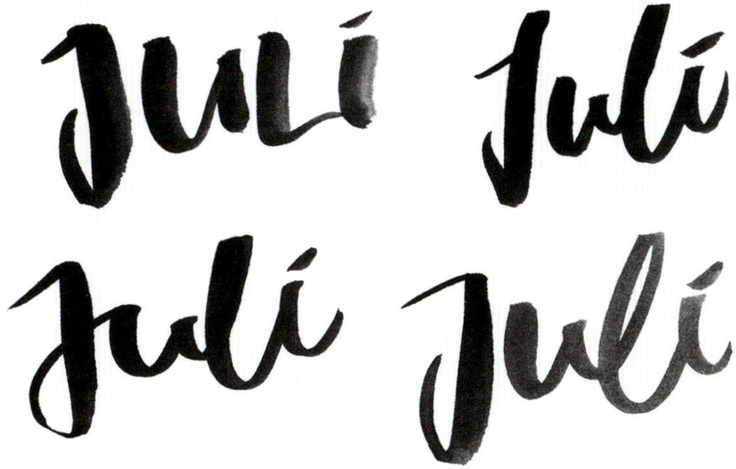

Saisonal gestaltete Buchstaben

Wie bei einer Jahresuhr zeigen die einzelnen Monate durch Farben und Formen, was gerade los ist. Da blühen die ersten Krokusse, ist es Zeit für Eiscreme und Sonnenbrillen, lassen wir Drachen steigen, bauen wir einen Schneemann. Den Buchstaben eine ganz neue Form geben – auch das ist Handlettering. Die Jahreszeiten halten hierfür viele schöne Motive bereit. In diesem Beispiel ist es die Zuckerstange, die Vorfreude auf Weihnachten machen soll.

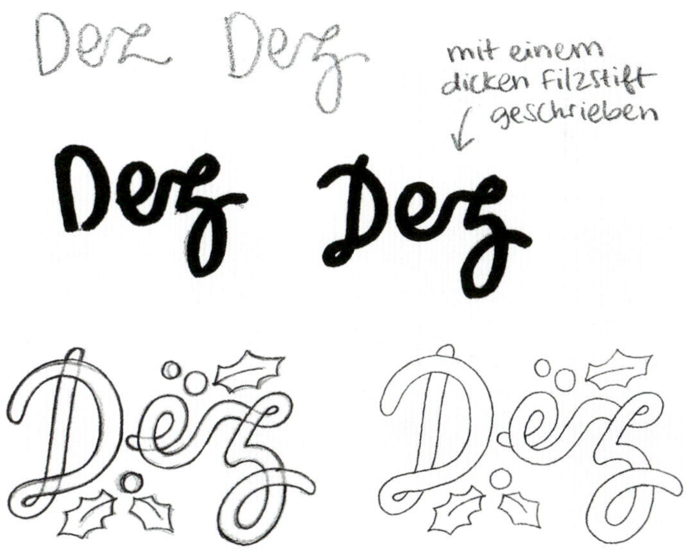

Dekorativ gestalteter Großbuchstabe

Es kann auch genügen, dem Anfangsbuchstaben des jeweiligen Monats eine besondere Form zu geben – wie hier dem August. Betrachte ihn als kleines Kunstwerk. Überlege vielleicht, was der Monat für dich bedeutet, welche Farben in die Zeit passen. Nutze die Grundform des Buchstaben als Gerüst, das du erweiterst und ausschmückst.

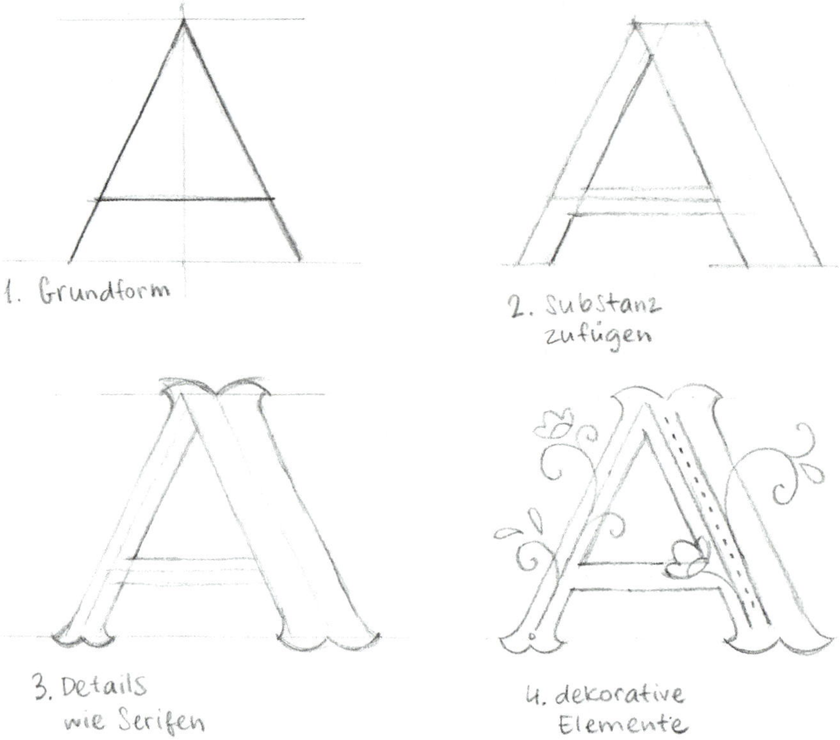

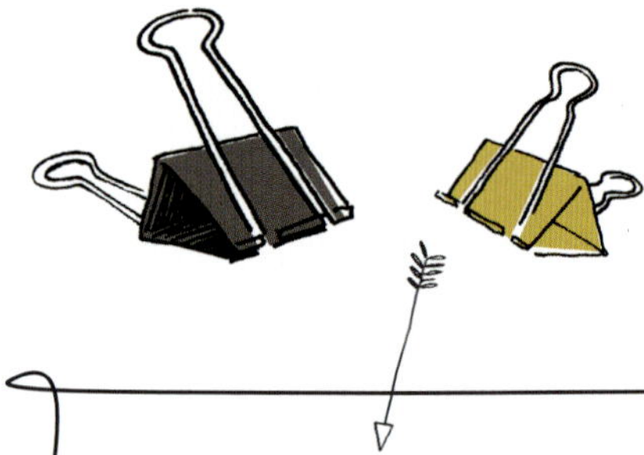

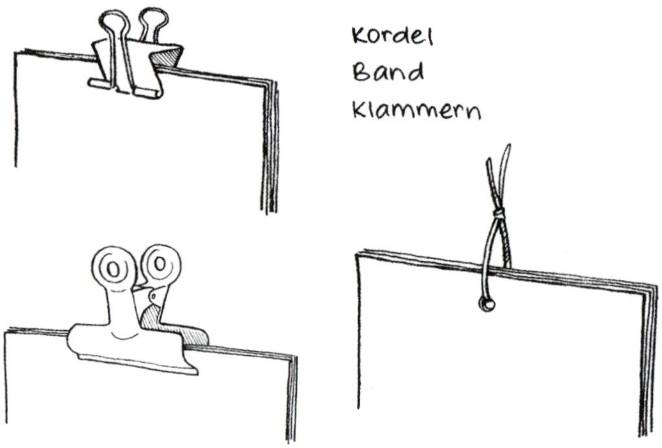

Finishing

Hast du am Schluss alle 12 Monatsblätter beisammen, stellt sich die Frage, wie die einzelnen Blätter zusammengefasst werden können. Bewährt haben sich hier verschiedene Klammern aus dem Bürobedarf, die sich gleichzeitig gut an einen Nagel hängen lassen.
Weiterhin gibt es die Möglichkeit, die einzelnen Seiten zu lochen und mit einer hübschen Kordel oder einem Band zu verbinden.

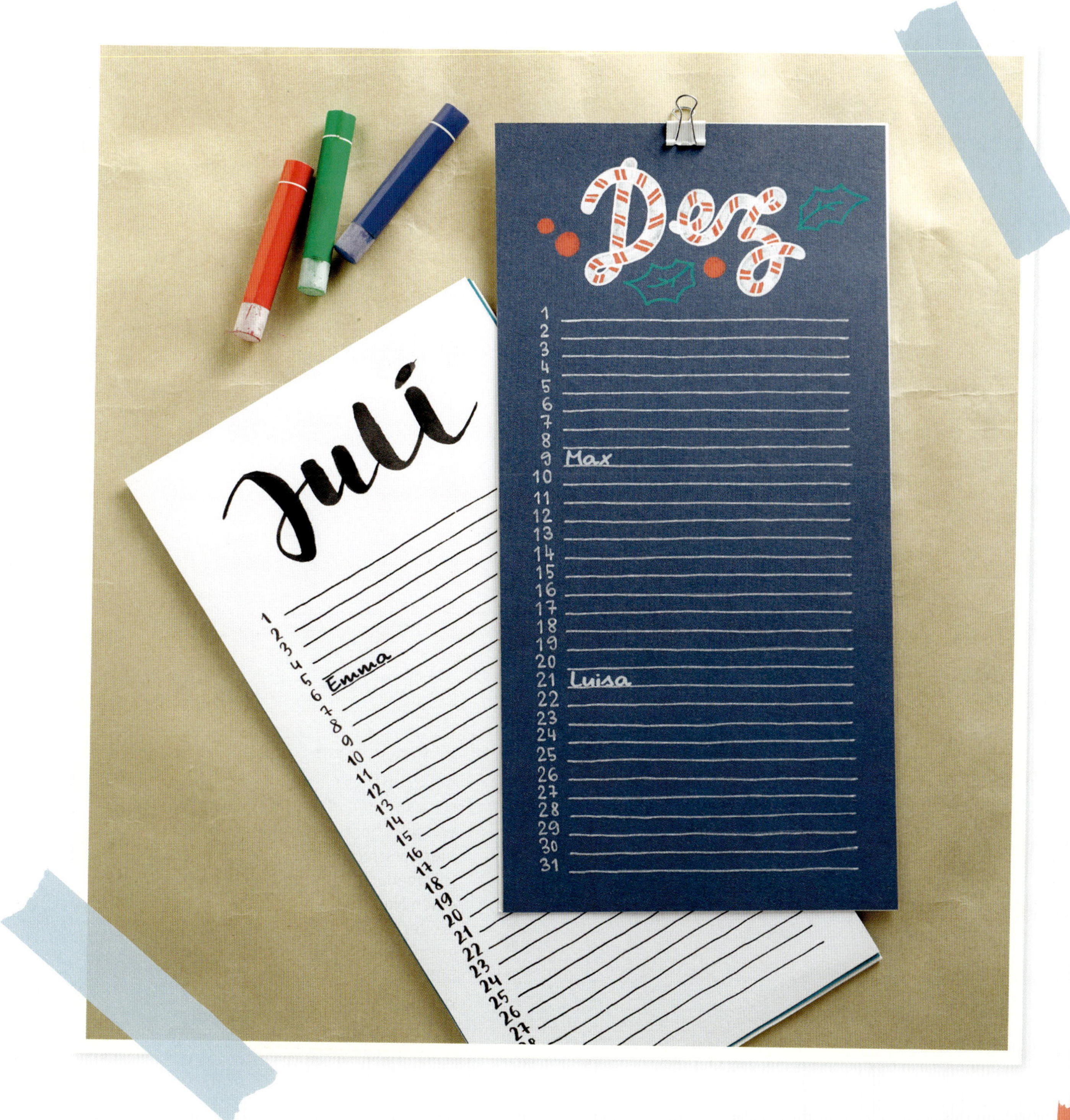
Juli
Emma
Dez
Max
Luisa

Weihnachtliche Grüße

Neben Geburtstagen ist Weihnachten der beste Anlass für individuell gestaltete Kartengrüße. In dieser besonderen Zeit im Jahr nehme ich mir gern die Zeit, eigene Weihnachtskarten zu gestalten und an Freunde und Familie zu verschicken.

DU BRAUCHST

farbige Klappkarte mit passendem Umschlag

Gelroller, weiß

Metallic Marker

Transparentpapier

Transferpapier, weiß

eventuell Stempelgummi, Schneidewerkzeug und Stempelkissen

Vorlage S. 96

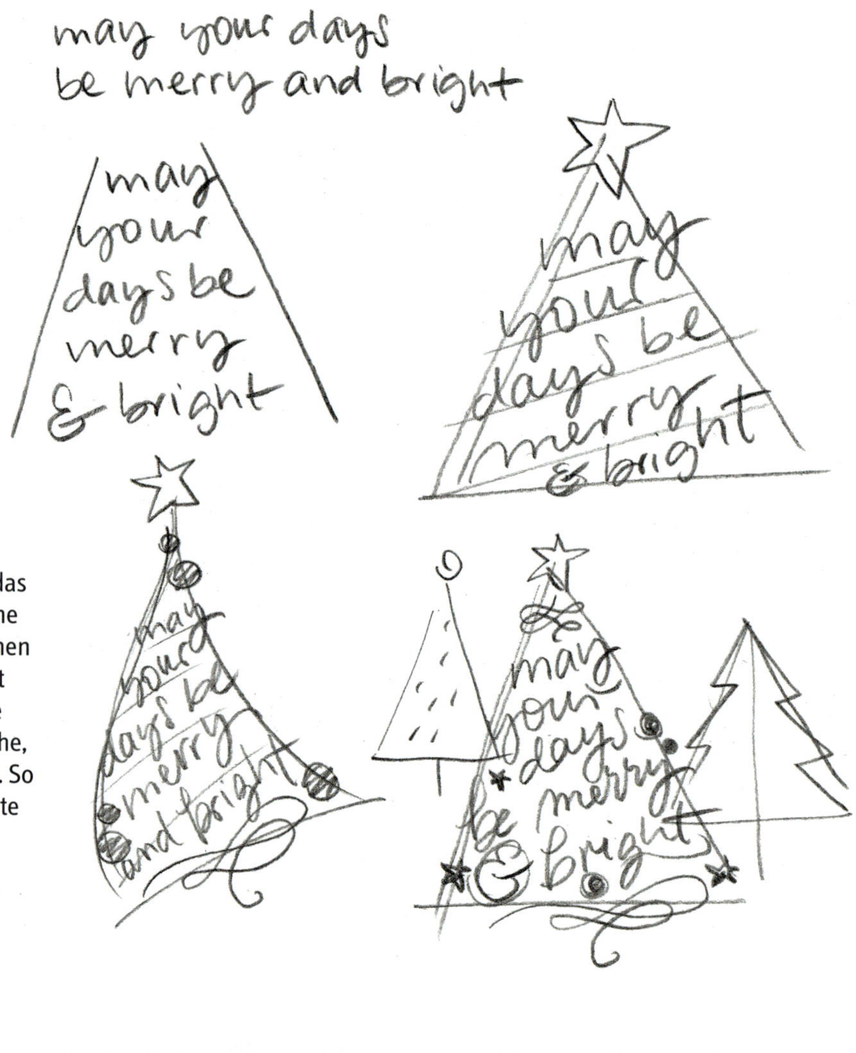

Ein Lettering in Tannenform – wolltest du das nicht immer mal ausprobieren? Da die Tanne nach oben hin spitz zuläuft, brauchst du einen Spruch mit kurzen Wörtern wie dieses Zitat aus dem Song „White Christmas“. Skizziere zunächst verschiedene Ansätze und versuche, Lücken mit „Christbaumschmuck“ zu füllen. So ergeben diese Wörter und Schmuckelemente eine schöne, kompakte Form.

1 Wähle ein quadratisches Kartenformat und skizziere den groben Aufbau des Letterings. Die Form ist ein schmales Dreieck mit so vielen Zeilen wie der Spruch benötigt. Plane ein paar Schmucktannen mit ein, um das Format bestmöglich zu nutzen.

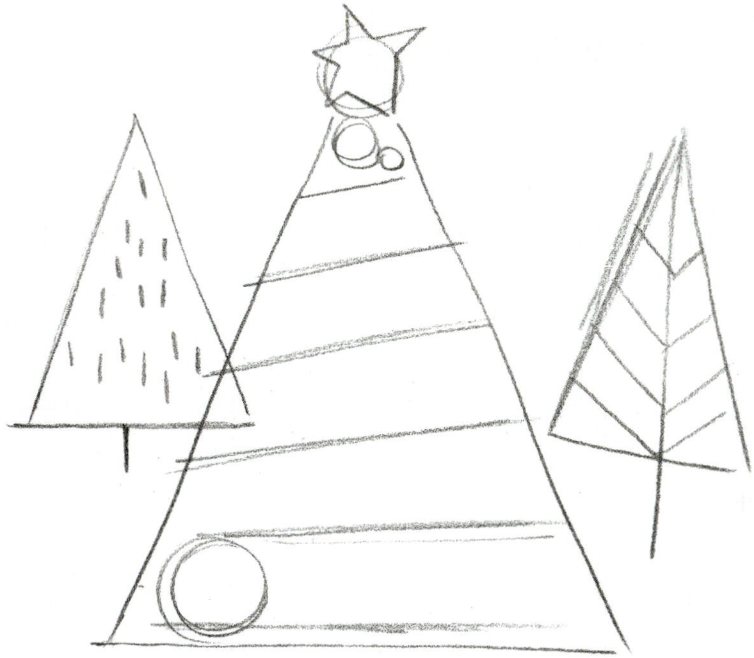

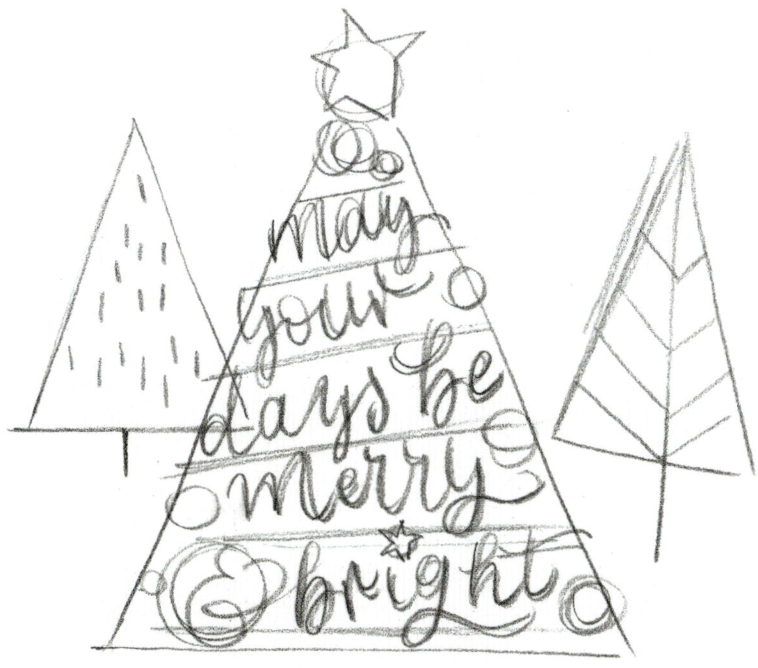

2 Setze nun die Wörter in einfacher Form ein und denke auch an die Lückenfüller: Kugeln und Sterne. Wenn es an einer Stelle eng wird oder zu viel Raum bleibt, kannst du immer noch radieren und überarbeiten.

3 Arbeite diese Formen weiter aus, benutze aber nun Transparentpapier, mit dessen Hilfe du Abstände besser korrigieren kannst. Zeichne das Lettering durch und definiere nun auch die Strichstärken der Schreibschrift.

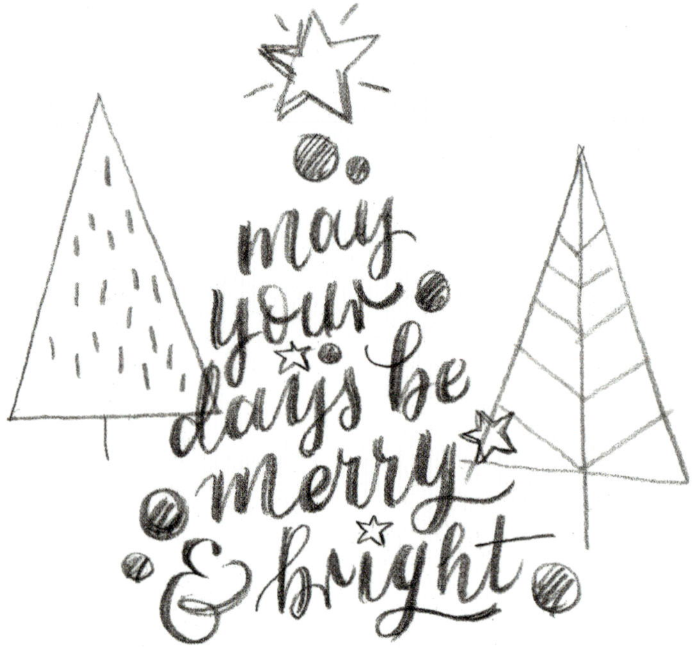

4 Für die finale Vorlage zeichnest du das Motiv noch einmal mit Fineliner und einem Brush Pen sauber durch. Verwende auch hier am besten Transparentpapier, das es dir im nächsten Schritt einfacher macht, das Lettering korrekt auf der Karte zu platzieren.

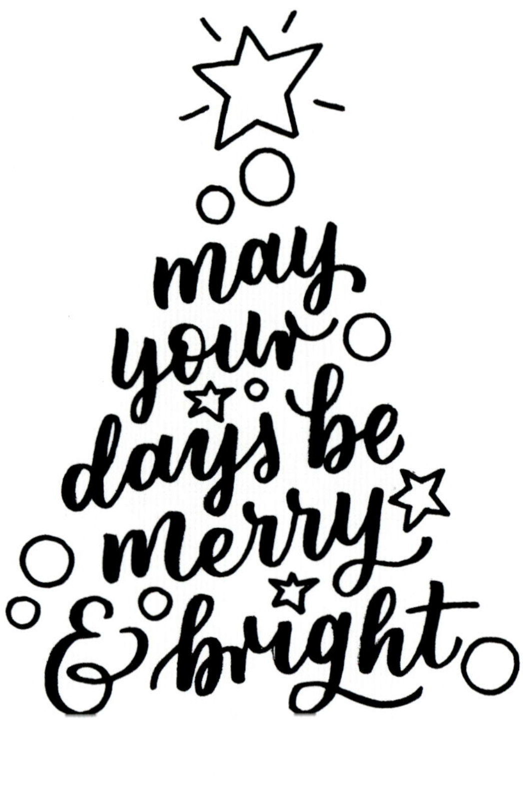

Finishing

Übertrage dein weihnachtliches Lettering mithilfe von weißem Transferpapier auf eine dunkelblaue Klappkarte. Ein weißer Gelroller und Metallic Marker machen die Karte perfekt.

Die Schmucktannen am Rand kannst du ebenfalls mit einem Gelschreiber zeichnen. In meiner Variante habe ich aus Stempelgummi, den es im gut sortierten Bastelbedarf gibt, zwei einfache Tannen geschnitzt und flächig auf die Karte gestempelt.

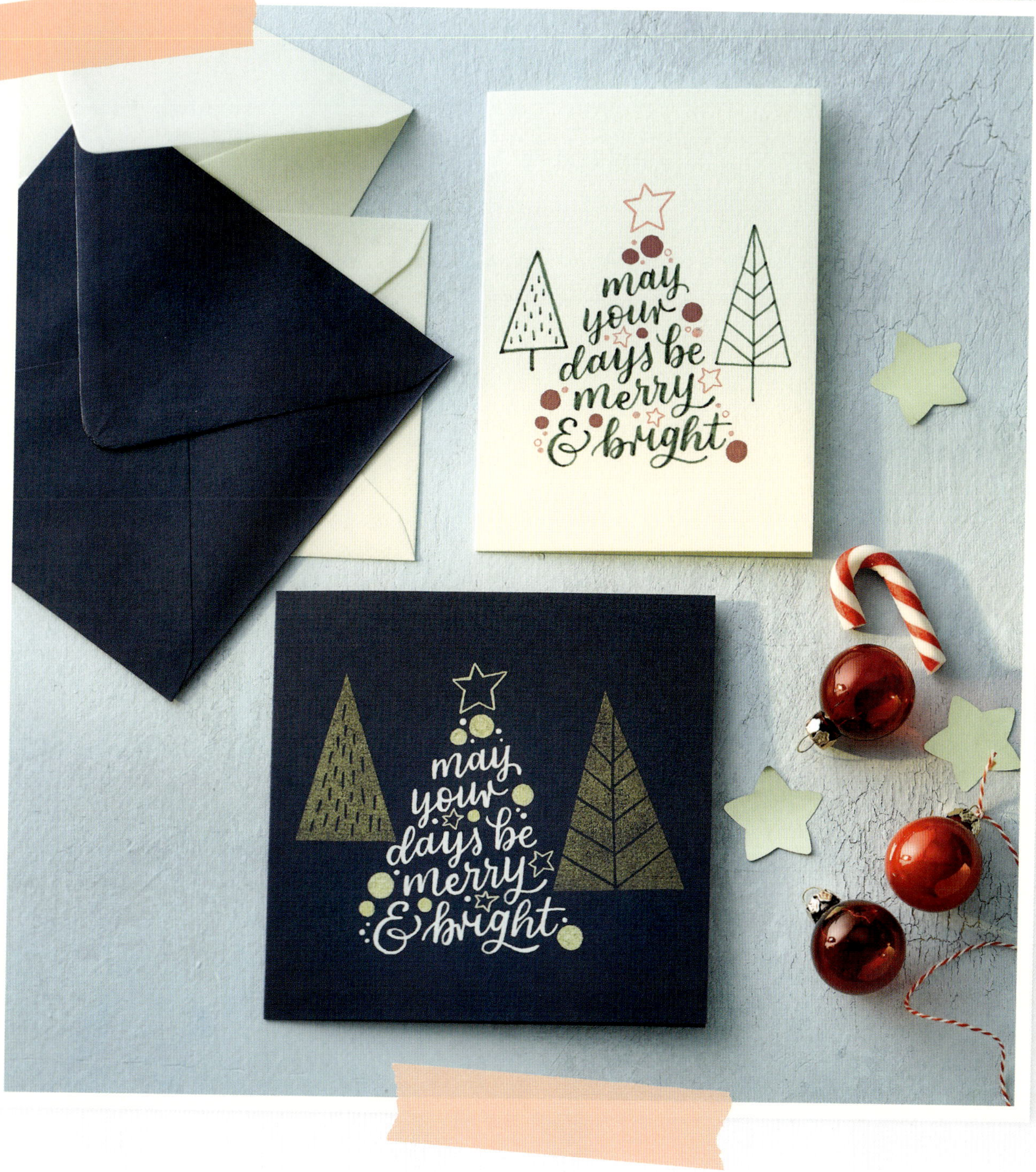
may your days be merry & bright
may your days be merry & bright

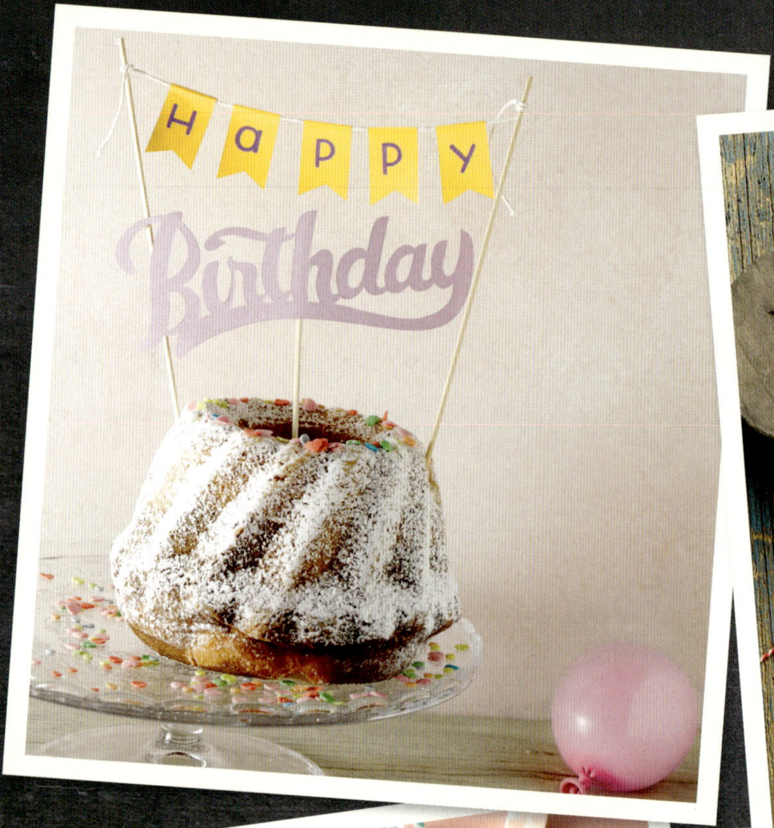
Happy
Birthday

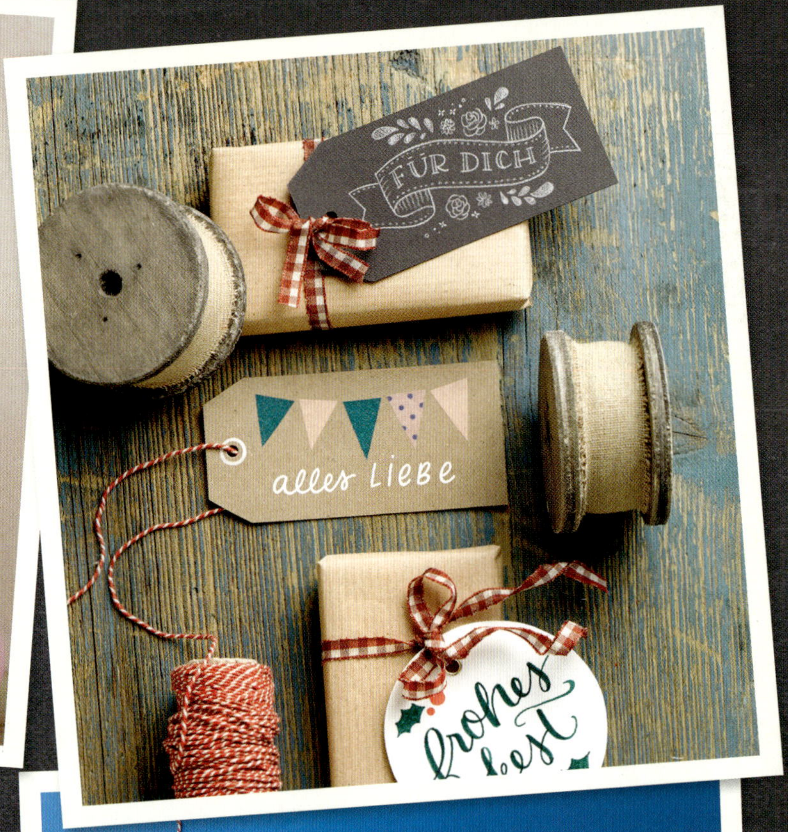
FÜR DICH
alles Liebe
frohes Fest

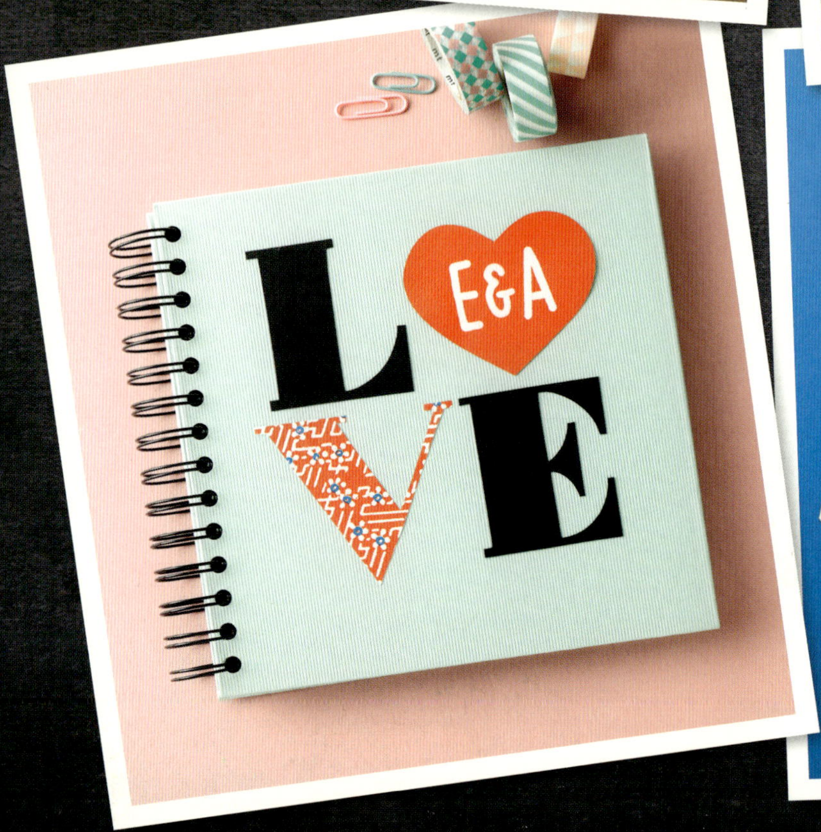
LOVE
E&A

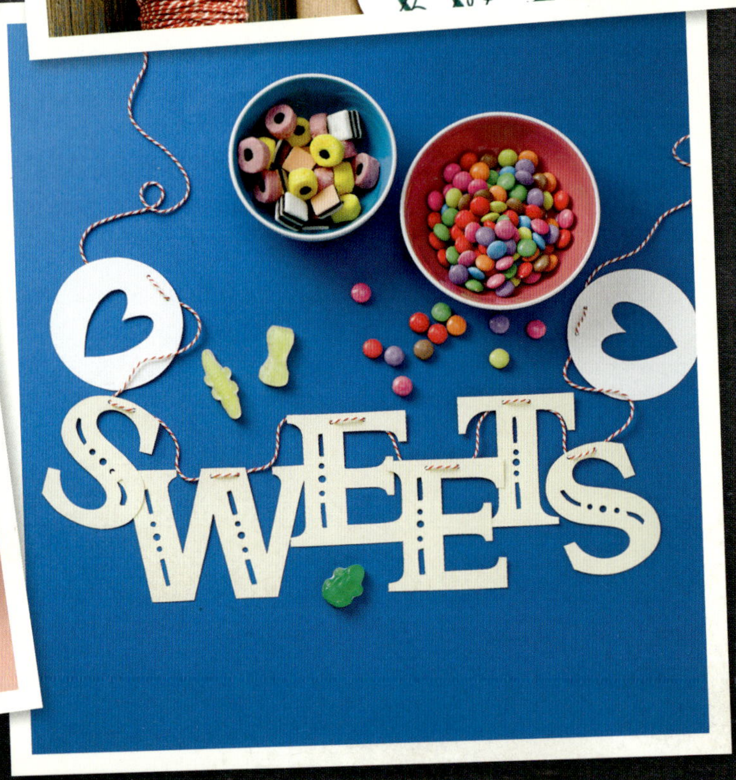
SWEETS

Feste feiern

Ob du nun den Kuchen aufpeppen oder den Geschenkanhänger mit einem persönlichen Gruß versehen willst, Handlettering macht jedes Fest noch ein bisschen schöner. Das Ergebnis wird die anderen Gäste begeistern und die Gastgeber freuen. Besondere Menschen verdienen eben besondere Geschenke und dafür eignet sich ein Lettering doch am besten.

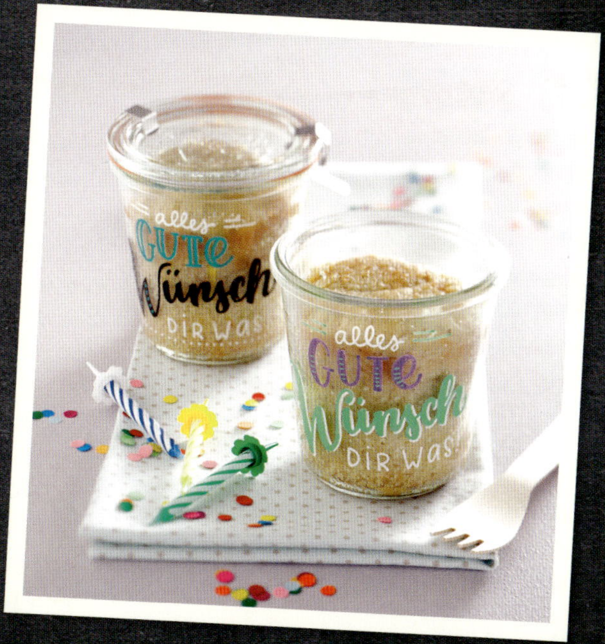

Liebevolle Geschenkanhänger

Diese individuellen Anhänger werten jedes noch so schlicht verpackte Geschenk auf. Werden sie mit dem Namen des Beschenkten oder einem Gruß versehen, ist die Vorfreude beim Auspacken umso größer.

DU BRAUCHST

verschiedenfarbigen Tonkarton

farbige Stifte

Schere oder Cutter

Lochzange

Kordel oder Garn

Vorlage S. 98

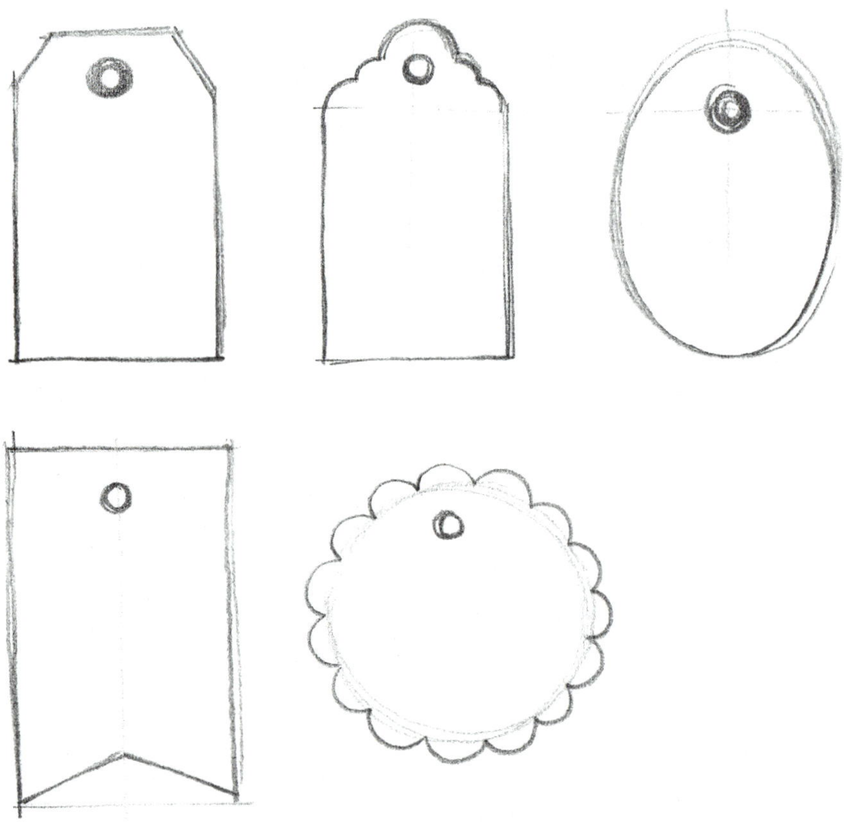

Bei Form und Farbe von Geschenkanhängern sind der Fantasie keine Grenzen gesetzt. Erlaubt ist, was gefällt. Da wird es schwierig, sich für ein Papier, eine Form oder ein passendes Geschenkband zu entscheiden.

1 In diesem Fall soll es eine klassische Form aus schwarzem Tonkarton sein, die mit weißem Kreidestift beschrieben wird. Zeichne den Anhänger auf, damit das spätere Handlettering-Motiv passend berücksichtigt werden kann. Denke auch gleich an das Loch für die Kordel.

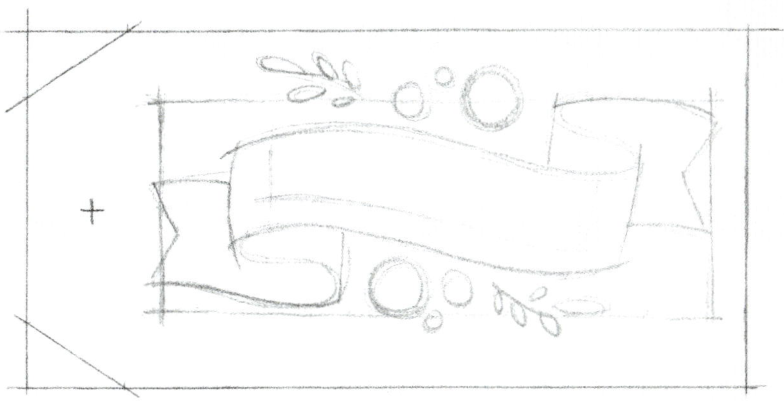

2 Den Anhänger soll eine Banderole schmücken. Setze zunächst die Grundformen der Buchstaben in die Banderolenform. Es geht dabei um die richtige Positionierung und gleichmäßige Abstände. Dekorative Elemente wie etwa kleine Blüten werden ebenfalls bereits grob vorgezeichnet.

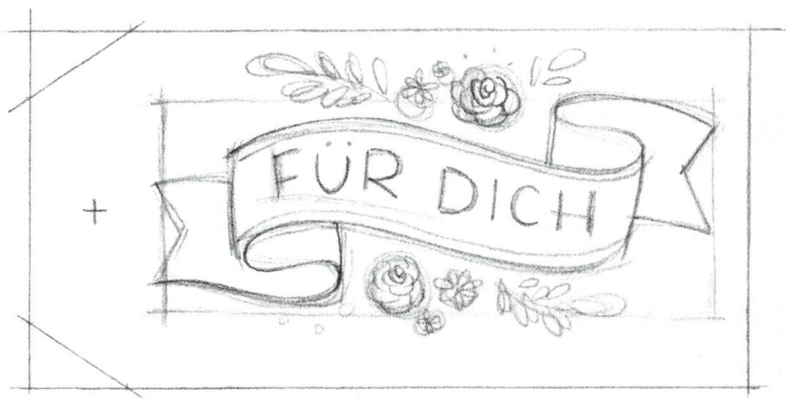

3 Arbeite die Buchstaben Schritt für Schritt weiter aus. Die Grundstriche werden breiter, Serifen ergänzt. Definiere nun auch die Banderole genauer, indem du immer wieder darüber zeichnest, um den perfekten Schwung zu finden. Gefällt etwas nicht, ist Radieren erlaubt.

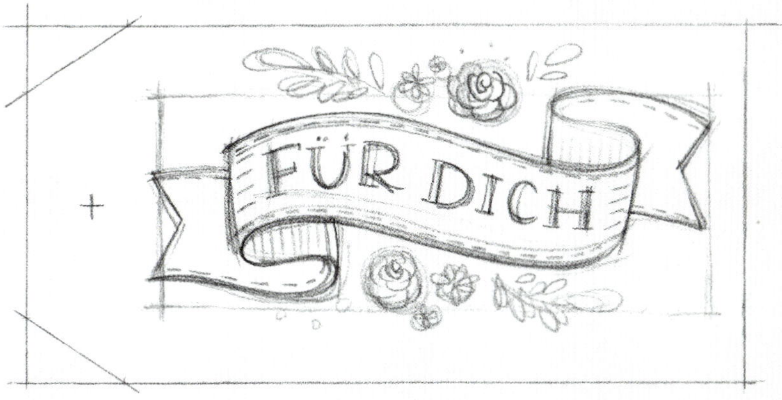

4 Zum Schluss wird der Entwurf wieder mit einem Fineliner sauber auf Transparentpapier durchgezeichnet. Diese Zeichnung dient als Vorlage für den Papieranhänger, der im nächsten Schritt entsteht.

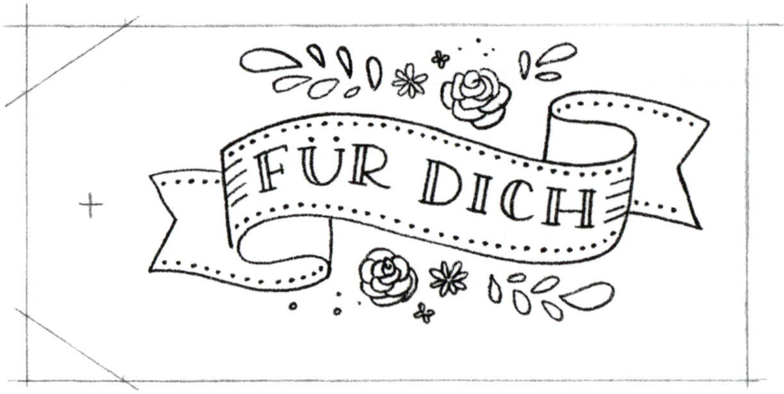

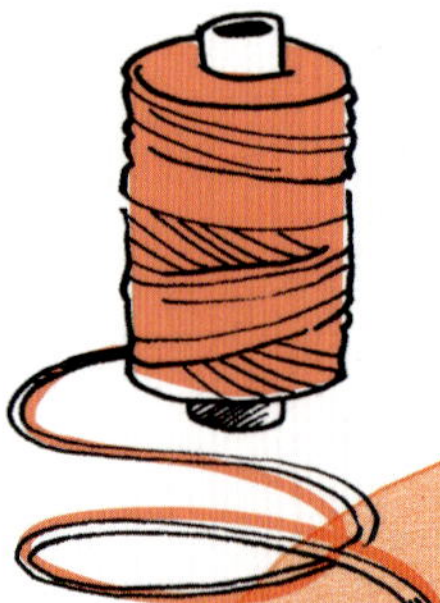

Tipp

Mit farbigen Klebebändern (Masking Tape) lassen sich Geschenkanhänger ebenfalls schön dekorieren. Versuche einmal eine Girlande oder „streue" Konfetti mit bunten Klebepunkten.

Finishing

Das Motiv wird wie üblich mit einem Kohlepapier übertragen. Dabei gibt dir die Farbe des Geschenkanhängers vor, ob du ein weißes oder schwarzes Kohlepapier verwendest. Mit farbigen Stiften, einem weißen Kreidestift oder einer Tuschefeder kannst du den Geschenkanhänger nun gestalten. Ein Geschenkband oder eine Kordel sorgen für den letzten „Schliff".

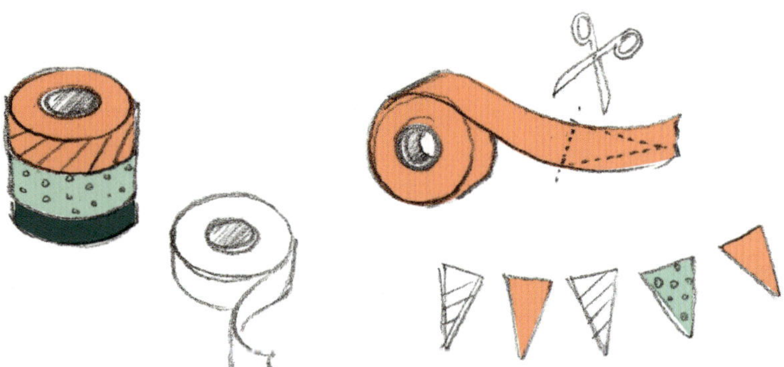

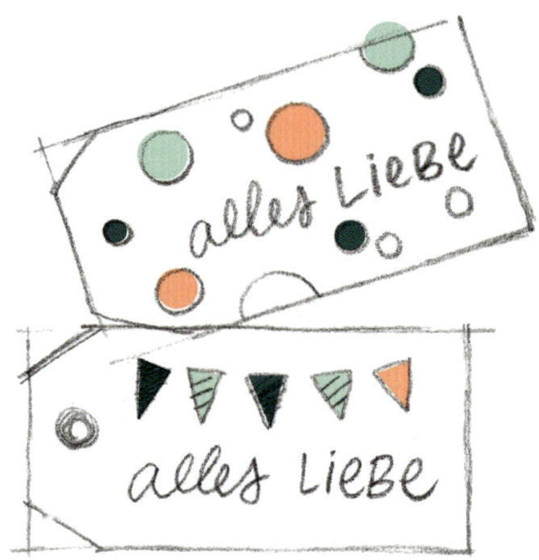

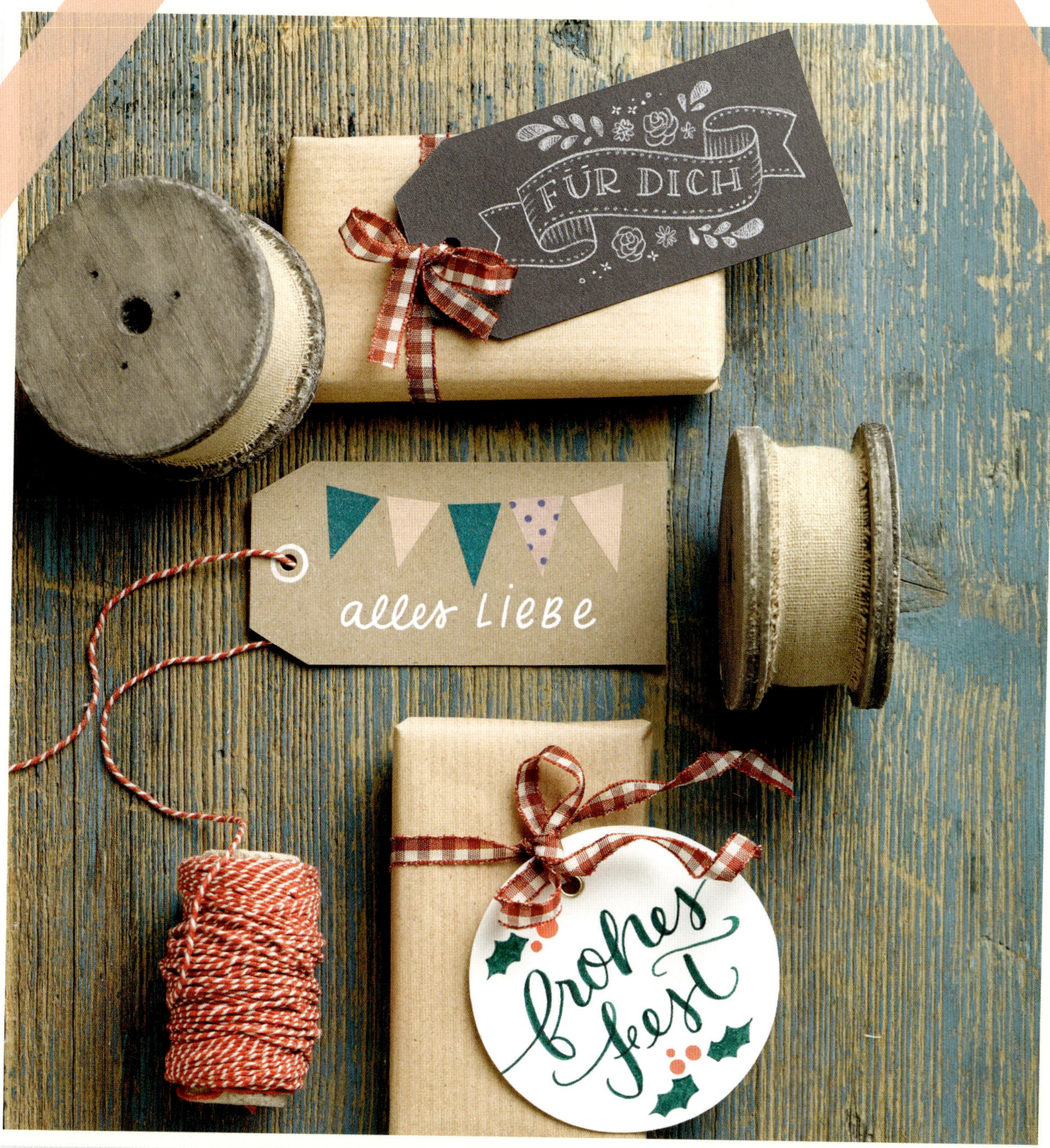
FÜR DICH
alles Liebe
frohes fest

Fröhlicher Kuchen-Topper

Für einen besonderen Menschen soll es auch einen besonders schönen Kuchen geben. Mit dieser individuellen Dekoration wird die Geburtstagstorte zum Star des Kuchenbuffets.

DU BRAUCHST

farbigen Tonkarton

farbiges Tonpapier

Cutter, Schere

Bastelleim

farbige Marker

Holzspieße

Garn oder Kordel

Vorlage S. 98

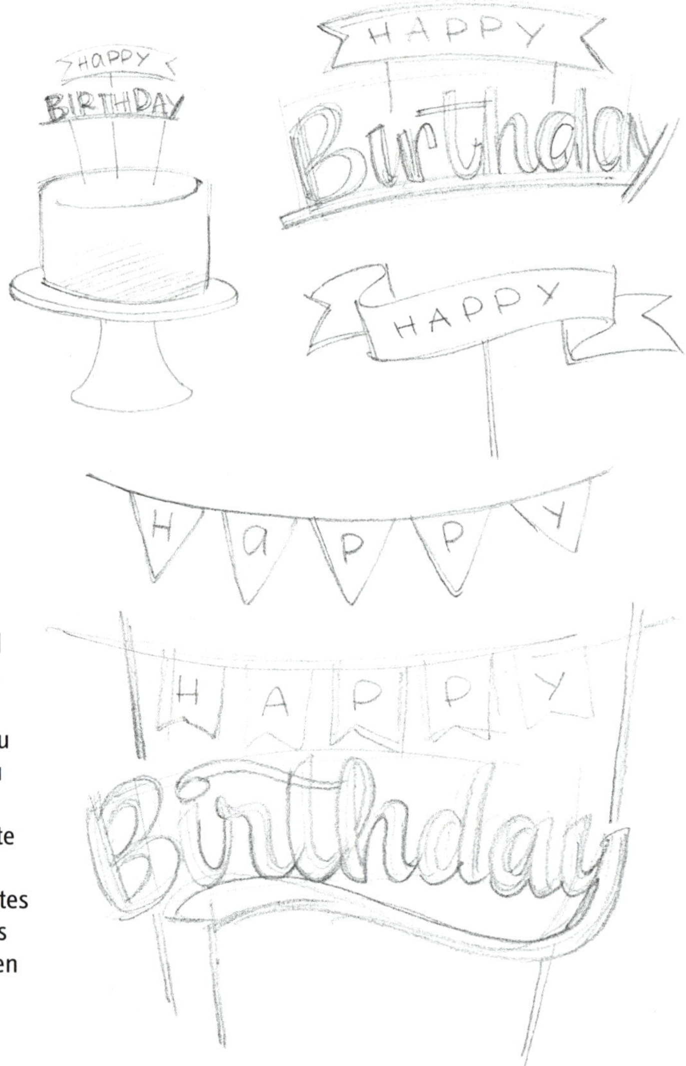

Für dieses Projekt benötigst du ein wenig Geduld und Fingerspitzengefühl. Das Handlettering wird hier aus farbigem Tonkarton ausgeschnitten. Die Stärke des Papiers sorgt für Stabilität, dennoch sollst du gleich zu Beginn darauf achten, die Buchstaben nicht zu fein zu zeichnen, damit sie nicht reißen.
Die Herausforderung besteht außerdem darin, elegante Verbindungen zwischen Buchstaben zu finden und Ligaturen zu bilden, wie in diesem Fall die des i-Punktes mit dem Querstrich des „t“. Eine Schreibschrift wird es dir einfacher machen. Denke daran, wenn du mit ersten Skizzen nach deinem Motiv suchst.

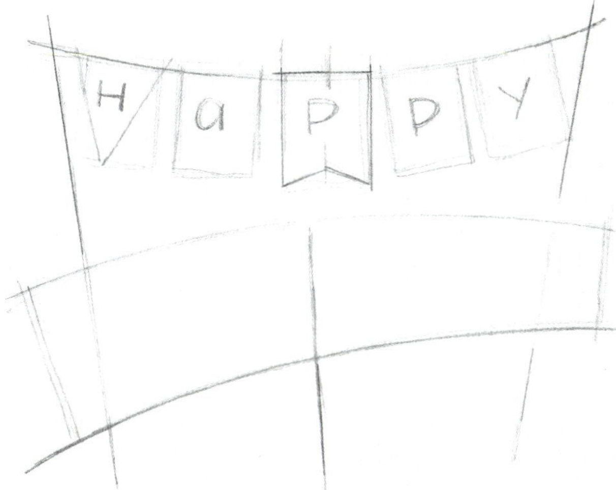

1 Viele Hilfslinien werden bei diesem Projekt nicht benötigt. Doch schon jetzt sollst du überlegen, wie groß das Lettering werden soll und wie es mit einer Mini-Girlande kombiniert werden kann.

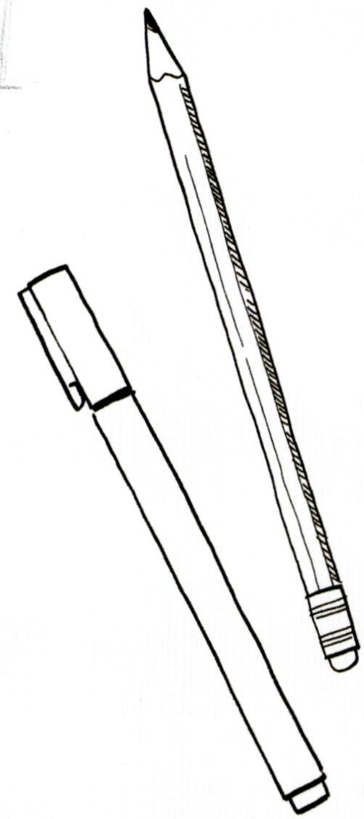

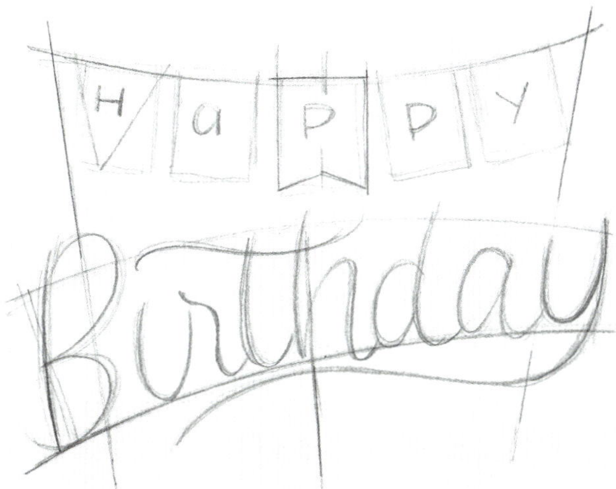

2 Beginne mit den Grundlinien von „Birthday“. Der lange Schwung des „y“ wird dem Schriftzug mehr Stabilität geben.

3 Im nächsten Schritt gibst du den Buchstaben Substanz. Dies kann ruhig etwas üppiger ausfallen, dann fällt das Ausschneiden mit dem Cutter leichter.

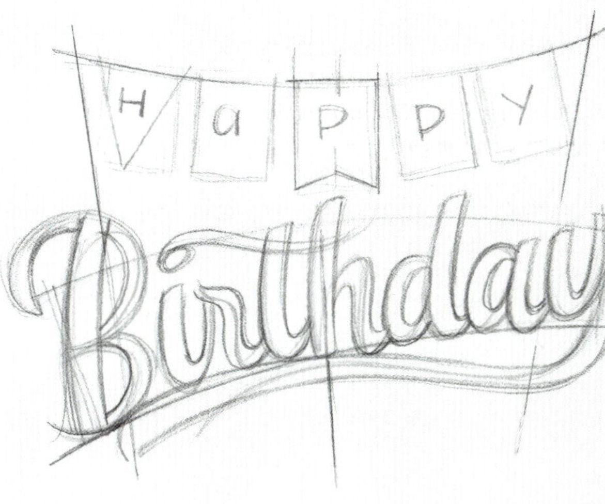

4 Für das Finish paust du das Lettering noch einmal mit Fineliner ab. Das übertragene Motiv dient als Vorlage für den farbigen Tonkarton. Transparentpapier ist hier günstig, da man es umdrehen kann, um das Motiv spiegelverkehrt auf den Karton zu übertragen. Das hat den Vorteil, dass auf der „richtigen“ Seite nach dem Ausschneiden keine Linien stehen bleiben.

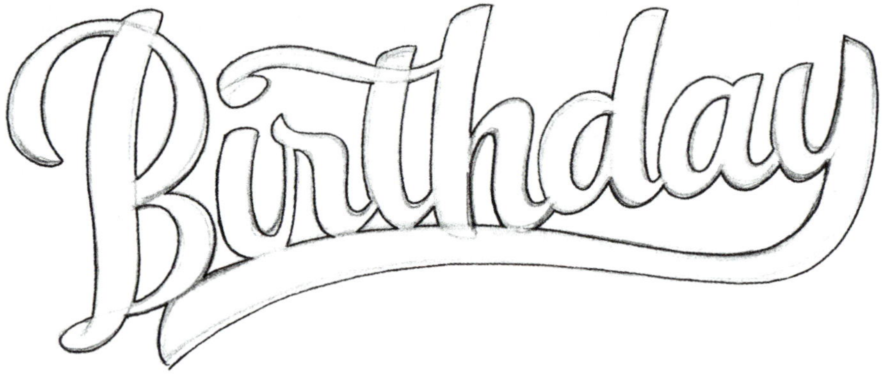

TIPP

Noch mehr Ideen und Vorlagen für Kuchen-Dekoration findest du ab Seite 100.

Finishing

Übertrage den Schriftzug „Birthday“ mithilfe von Kohlepapier auf den farbigen Karton. Verwende zum Ausschneiden „für's Grobe“ eine Papierschere, für Details und Innenräume einen Cutter oder eine feine Silhouettenschere. Klebe den ausgeschnittenen Schriftzug mit Bastelleim an einen langen Holzspieß.
Die Mini-Girlande ist schnell gebastelt. Schneide aus dem dünneren Tonpapier schmale Streifen, die du mittig faltest und um eine Kordel klebst. Diese bindest du an zwei weitere Holzspieße. Beschrifte die einzelnen Fähnchen schnörkellos und frei Hand mit einem Marker. Beide Teile lassen sich nun nach Belieben schön auf einem Kuchen arrangieren.

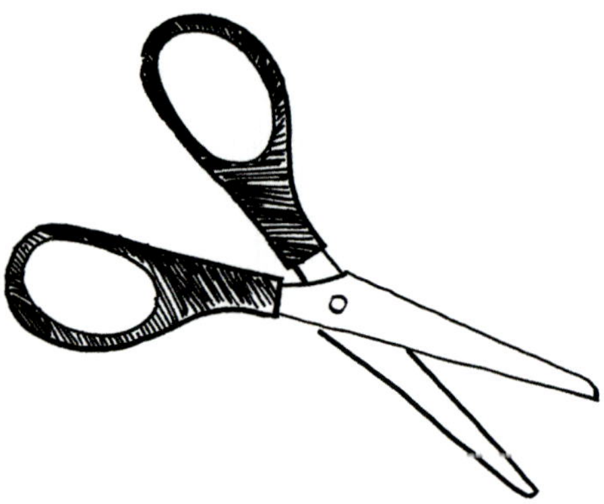

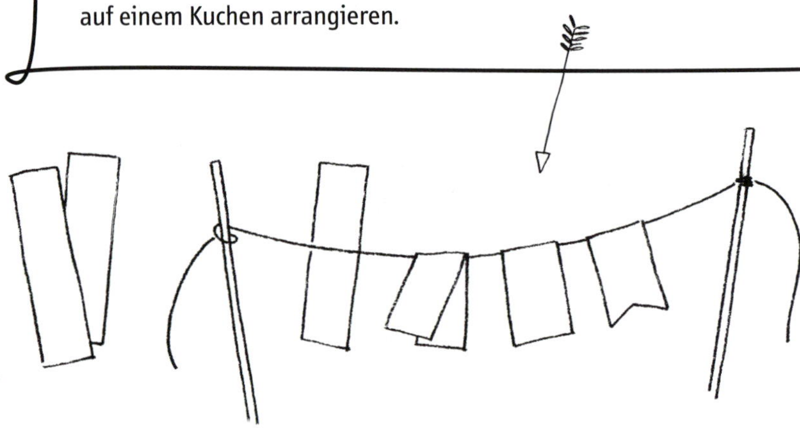

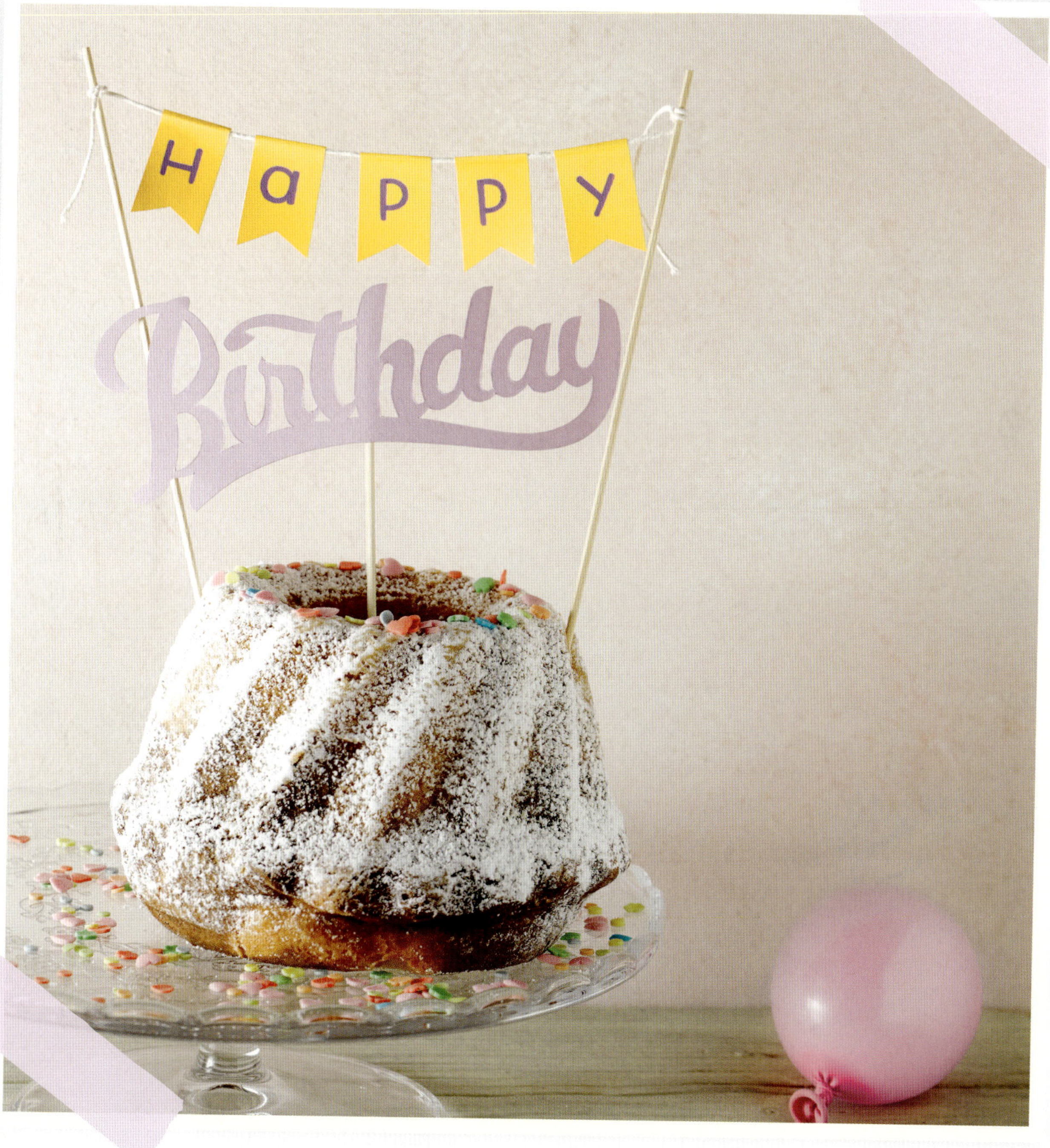
Happy
Birthday

Gästebuch oder Fotoalbum

Zum schönsten Tag im Leben zweier Menschen ist ein Gästebuch, in dem sich Familie und Freunde verewigen, ein sehr persönliches Geschenk. Aber auch zu runden Geburtstagen oder anderen feierlichen Anlässen ist solch ein Album mit Fotos und lieben Widmungen eine schöne Erinnerung.

DU BRAUCHST

leeres Foto- oder Gästebuch

farbige Acrylmarker, z.B. von Posca

oder (farbigen) Karton, Schere, Bastelkleber

Transferpapier

Vorlage S. 96

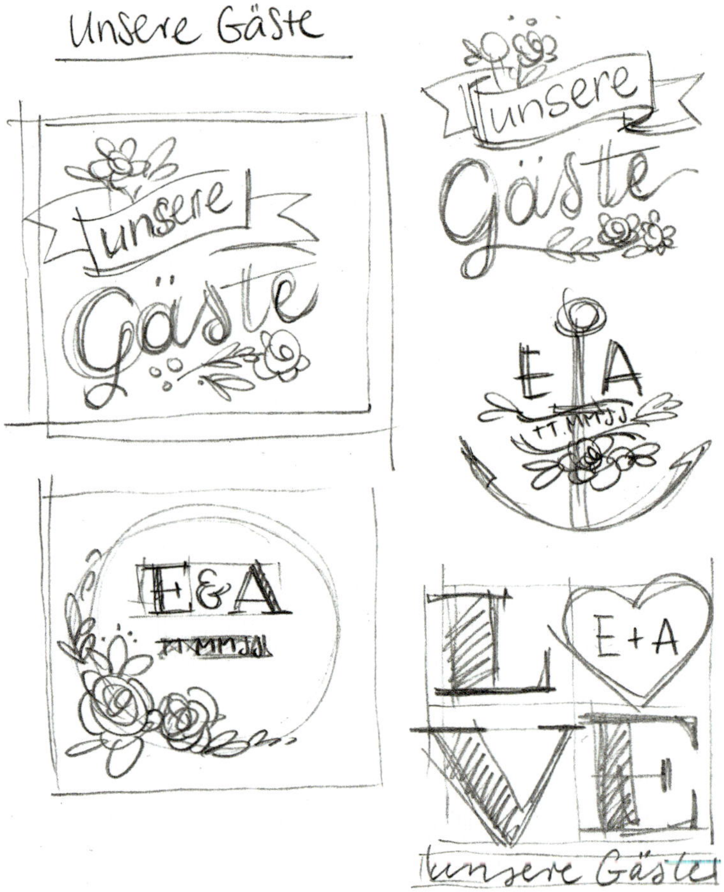

Eine Hochzeit ist ein romantischer Anlass. Schreibschrift und florale Schmuckelementen transportieren das sehr gut. Auch ein Banner hat etwas Feierliches an sich. Gängige Symbole sind zudem Herzen oder ein Anker. Dieser Entwurf ist hingegen sehr reduziert. Er konzentriert sich auf den prägnant gestalteten Schriftzug L O V E, in dem auch die Initialen des Brautpaares integriert werden können. Kurz und bündig, ohne viel Schmuck, doch die Botschaft ist klar.

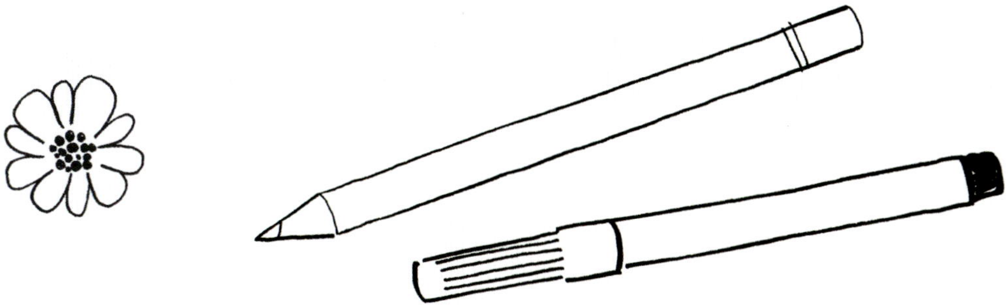

1 Miss im ersten Schritt dein Album ab und lege die Größe des Letterings fest. In diesem Beispiel hat der Deckel des Fotobuchs eine feine Struktur, weswegen es nicht ratsam wäre, direkt darauf zu zeichnen. Stattdessen kannst du die Buchstaben aus Tonkarton ausschneiden und aufkleben.

2 Setze die groben Formen der Buchstaben in das vorgezeichnete Raster. Das sind zunächst nur Rechtecke, Dreiecke und Kreise.

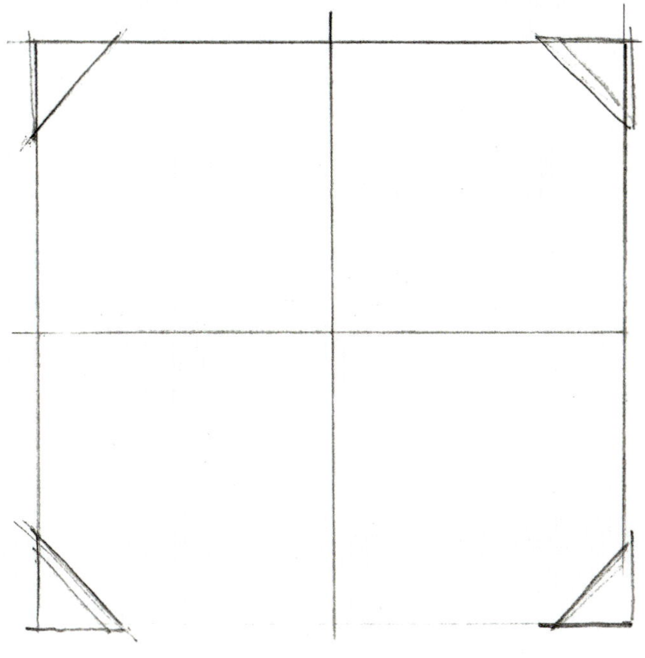

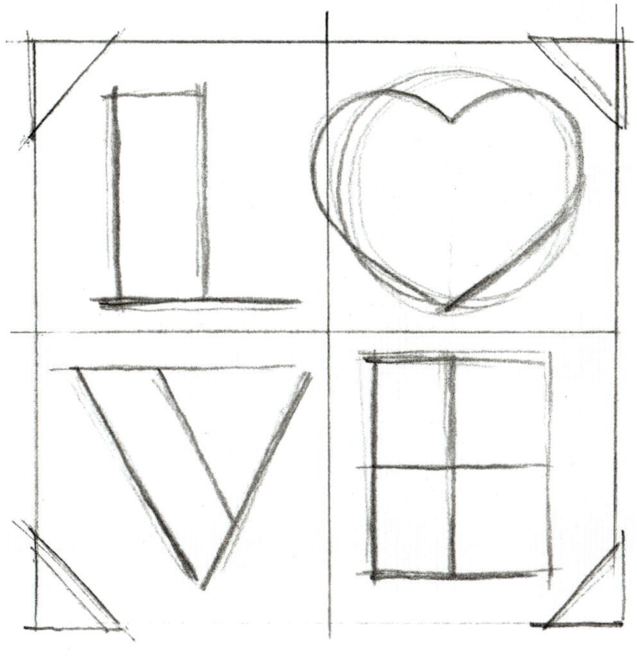

3 Nimm für das weitere Ausarbeiten der Buchstaben ein Lineal zu Hilfe. Wenn du die Flächen ausschraffierst, kannst du besser beurteilen, ob nicht zu viel oder zu wenig Raum zwischen den Buchstaben steht. Wähle für eine klassische Anmutung Buchstaben mit Serifen und hohem Strichstärkenkontrast.

4 Übertrage schließlich die finalen Buchstaben mithilfe von weißem Transferpapier auf den Tonkarton. Arbeite spiegelverkehrt, damit Linien auf der Rückseite verschwinden. Solltest du dein Lettering direkt auf das Album übertragen wollen, fixiere die Vorlage darauf und verwende ebenfalls Transferpapier. Stelle dein Lettering mit farbigen Acrylmarkern fertig.

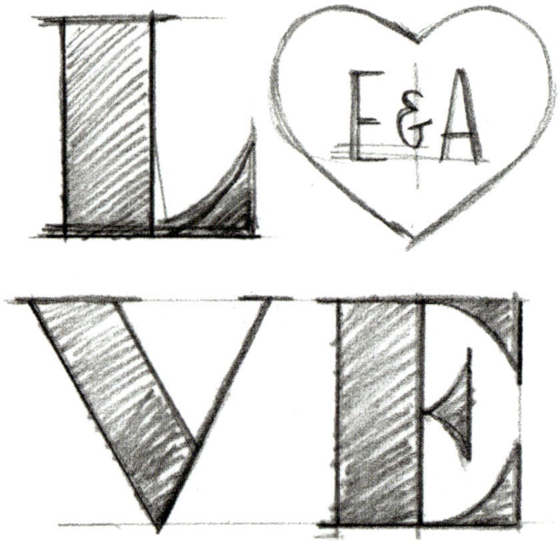

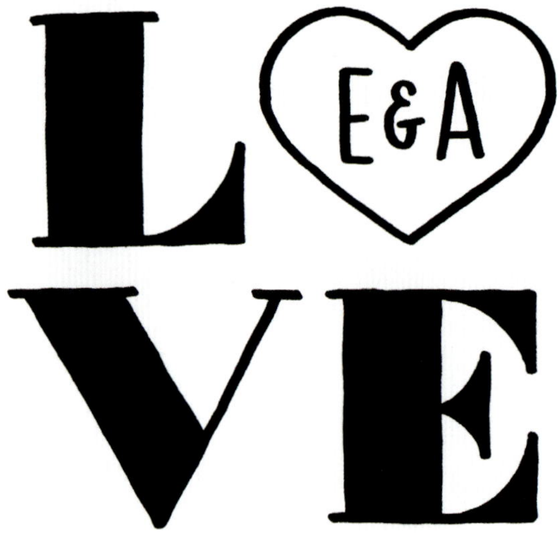

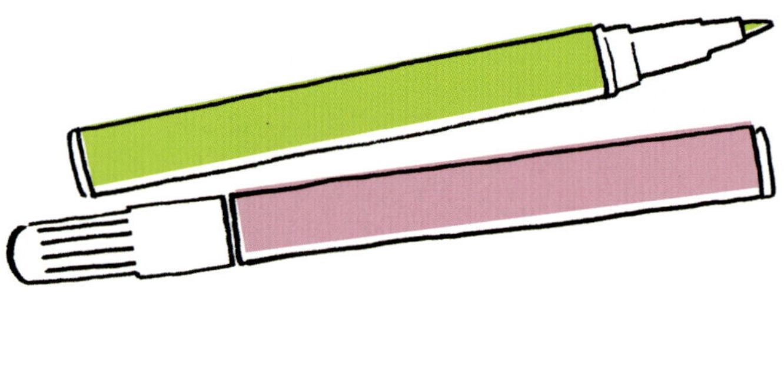

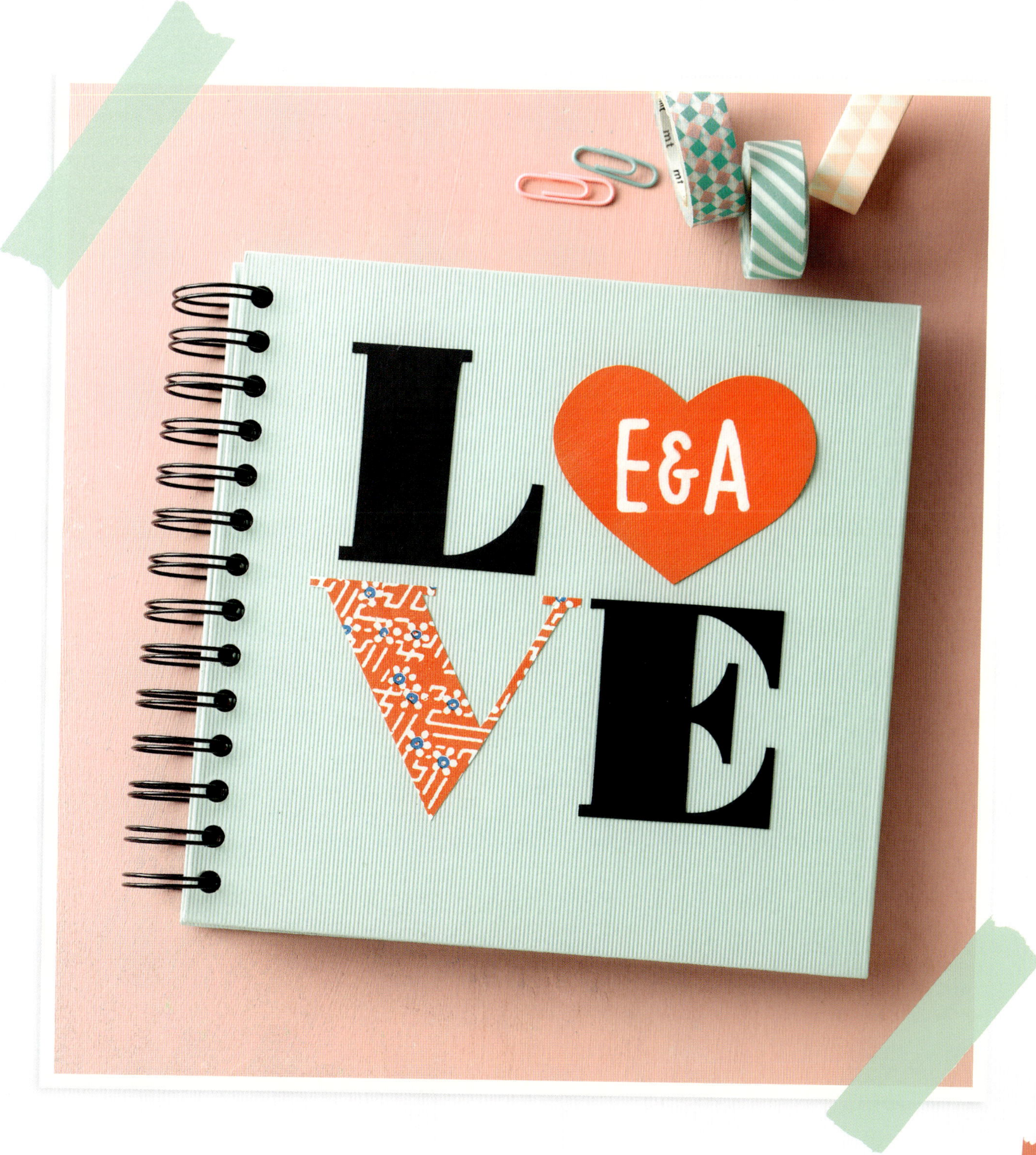
LOVE
E&A

Süße Buchstabengirlande

Girlanden machen sich immer sehr hübsch auf Süßigkeiten-Buffets, so wie dieses Beispiel, das ich für eine Hochzeit kreiert habe. Doch auch für Geburtstage und andere wichtige Ereignisse eignen sie sich als dekorativer Blickfang.

DU BRAUCHST

verschiedenfarbiger Tonkarton

Schere oder Cutter

Kordel oder Garn

evtl. Kleber

evtl. Lochzange

Vorlage S. 99

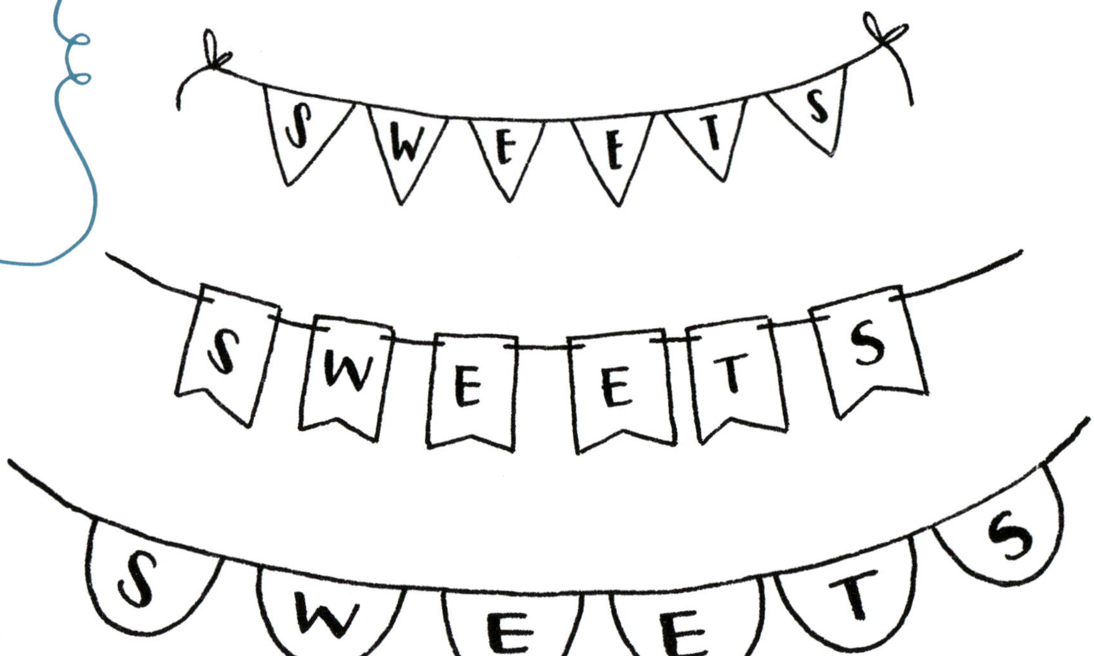

Girlanden gibt es in unzähligen Varianten. Meist werden einzelne Wimpel beschriftet, verziert und an einer Kordel aufgereiht. Doch für einen besonderen Anlass lohnt sich die Mühe, die Buchstaben selbst aus farbigem Tonkarton auszuschneiden. Dazu fertig man am besten Vorlagen an.

1 Fette Großbuchstaben eignen sich am besten. Sie lassen sich gut ausschneiden und sind recht stabil. Außerdem kann man ihre Flächen schön verzieren. Mit dem Geodreieck kannst du das Grundraster und die Höhe der Buchstaben festlegen. Zeichne dann die Grundformen auf.

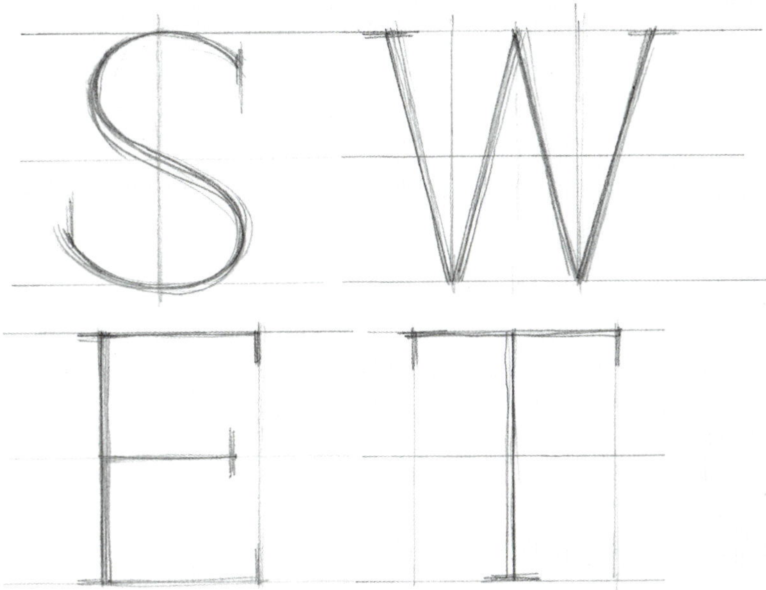

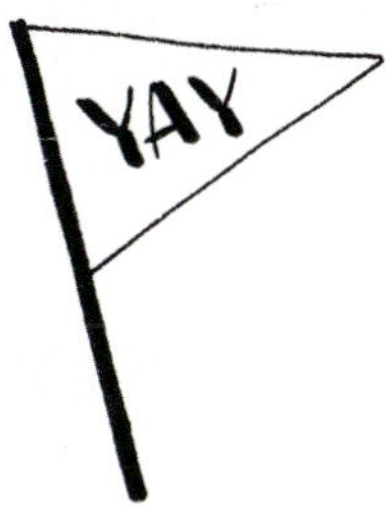

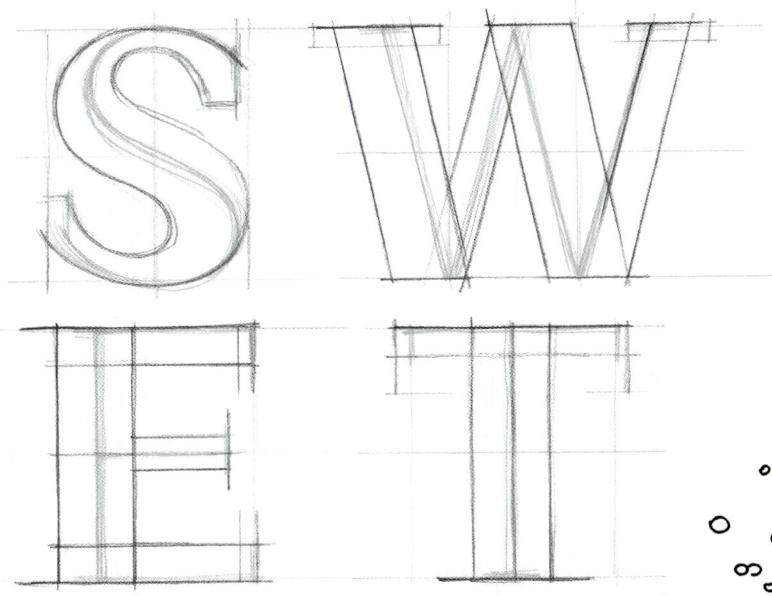

2 Im nächsten Schritt gibst du den Buchstaben Substanz, also die nötige Dicke. Folge dabei der Anatomie der Buchstaben (siehe S. 14). Der Grundstrich wird sehr breit, die Arme des „E“ dagegen schmaler. Ein Geodreieck macht es leichter, parallele Linien zu ziehen.

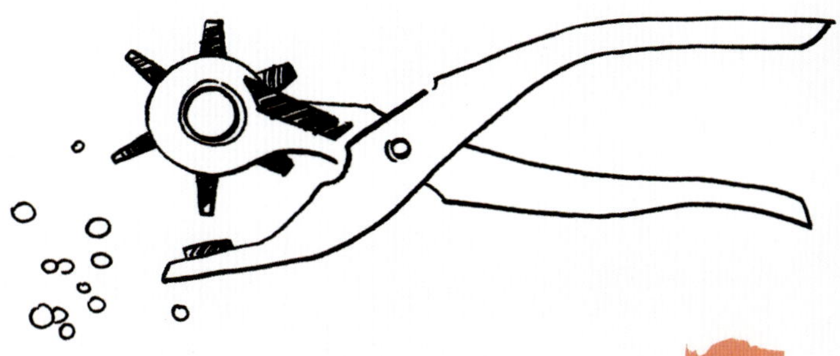

3 Für einen klassischen und festlichen Ausdruck sind Serifen das geeignete Mittel, um die Buchstaben aufzuwerten.

4 Wenn die Form definiert ist und alle Linien sauber verbunden sind, kann man sich Gedanken über das Innere der Buchstaben machen. Möglichkeiten gibt es viele, hier wurde eine schlichte Form gewählt. Schneide die Buchstaben anschließend mit einem Cutter sauber aus.

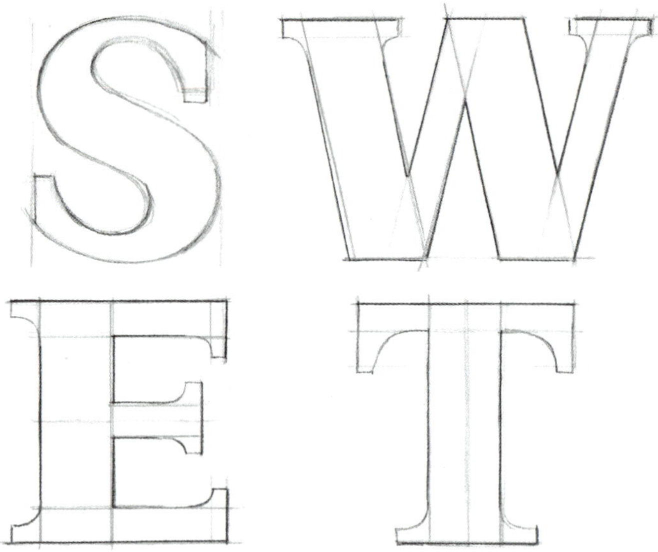

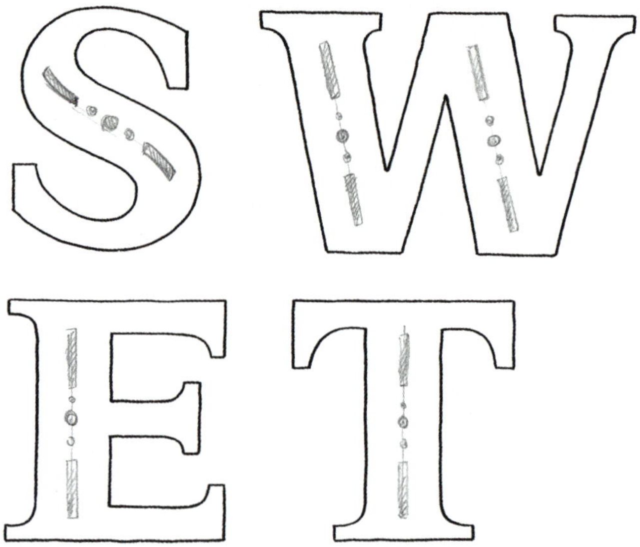

Finishing

Um die einzelnen Buchstaben auf eine Kordel zu fädeln, müssen mit einer Lochzange kleine Löcher in das obere Ende der Buchstaben gestanzt werden. Auf diese Weise lassen sie sich sauber aufreihen.

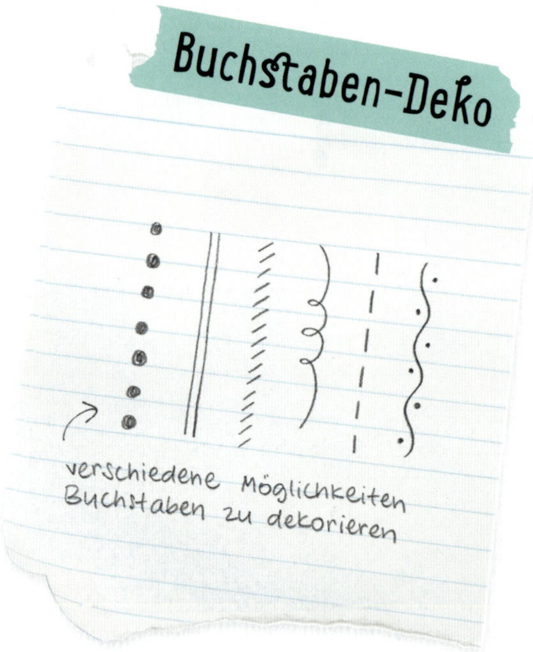

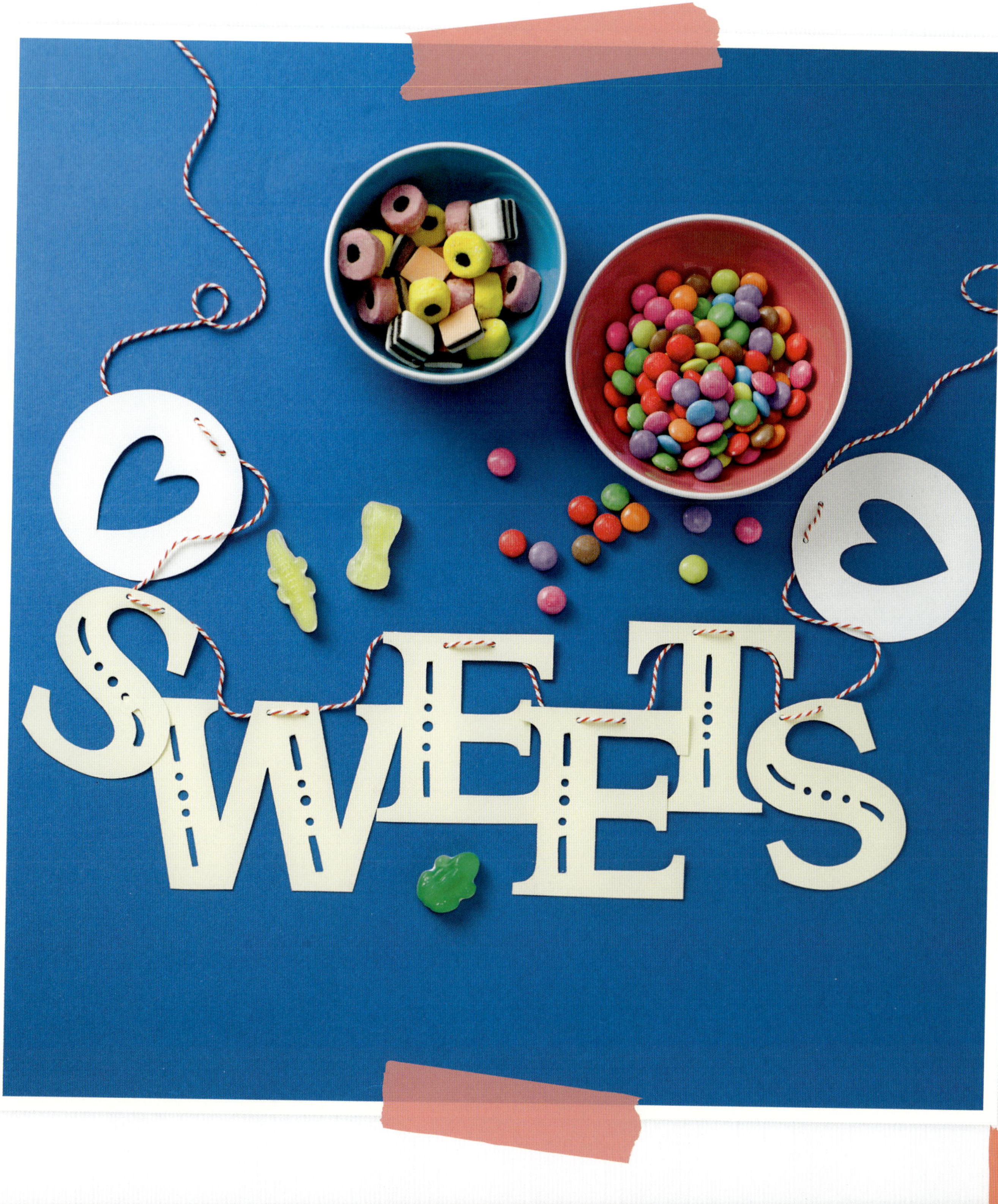
SWEETS

Kuchen im Glas

Kuchen im Glas sind köstliche Kleinigkeiten zum Verschenken. Das Einmachglas ist an sich schon eine hübsche Verpackung. Je nach Anlass lassen sich die Gläser zudem wunderbar beschriften und verzieren.

DU BRAUCHST

Einmachglas mit Deckel

Glasmalstifte

Vorlage S. 95

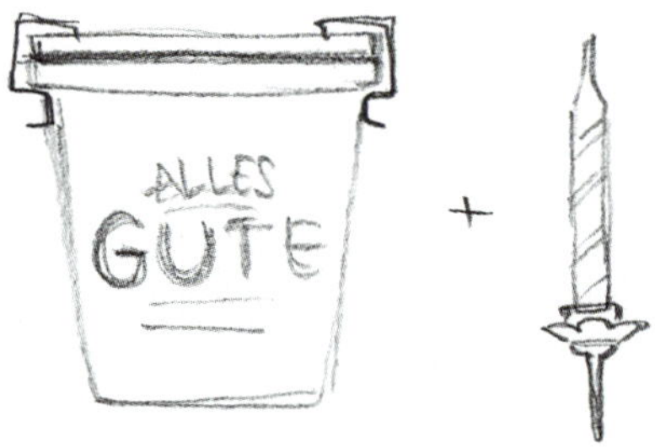

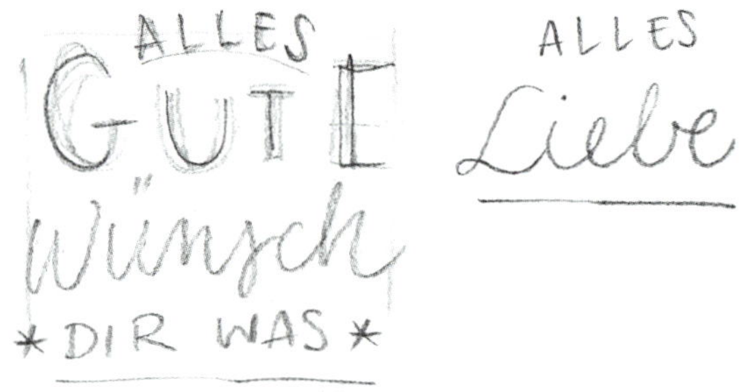

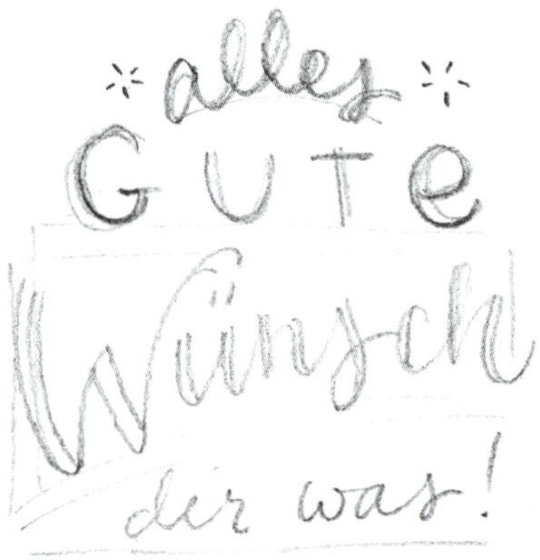

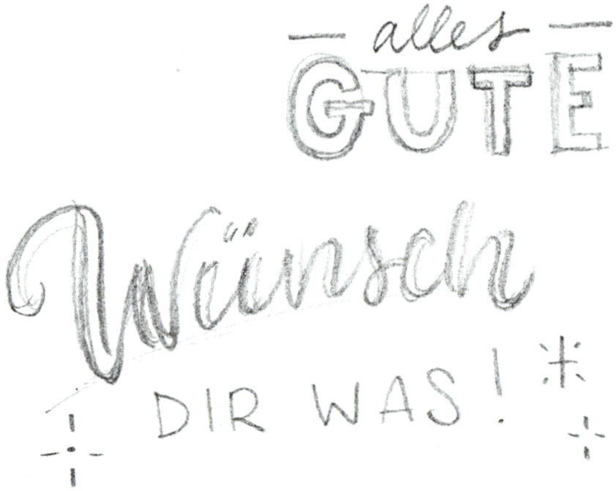

Das Einmachglas für den Kuchen gibt dir die Größe des Handletterings vor. Fertige zu Beginn wieder viele kleine Skizzen an, um eine schöne Komposition deines Grußes zu finden. Wichtige Wörter kann man hervorheben, indem man sie groß anlegt.

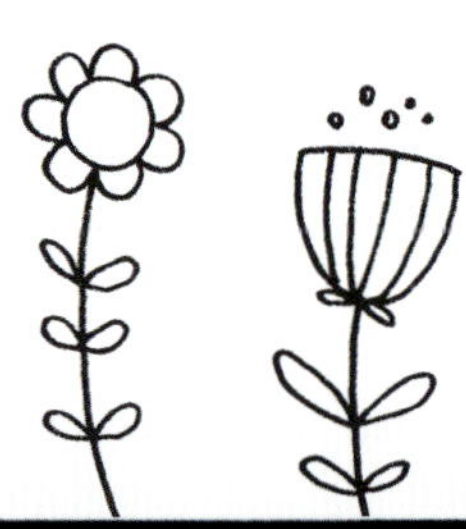

1 Nimm das Maß des Glases ab und zeichne anhand dessen das Format des Letterings auf. Hilfslinien erleichtern die Anordnung von Zeilen und die Verteilung von Wörtern.

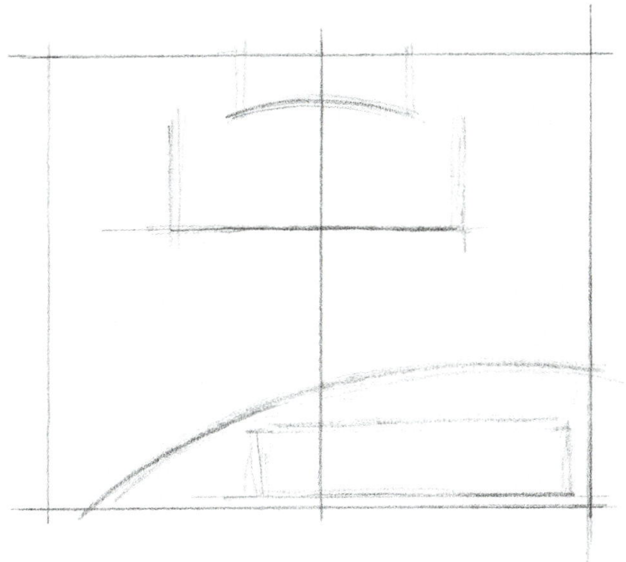

2 Zeichne die Buchstaben in dein Grundgerüst. Zunächst sind es nur Grundformen und einfache Linien, denn es geht vorerst um die richtige Positionierung und Größe der Wörter.

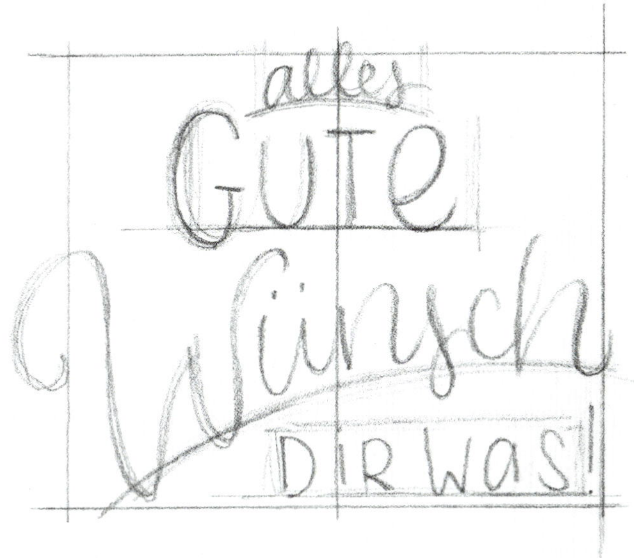

3 Im nächsten Schritt definiere die Buchstaben genauer, indem du ihnen beispielsweise unterschiedliche Strichstärken gibst. Ergänze auch kleine Details, die ein Wort rahmen und verzieren. Es wird vorkommen, dass du einen Buchstaben mehrmals überarbeiten und auch mal radieren musst, denn sonst wird es unübersichtlich.

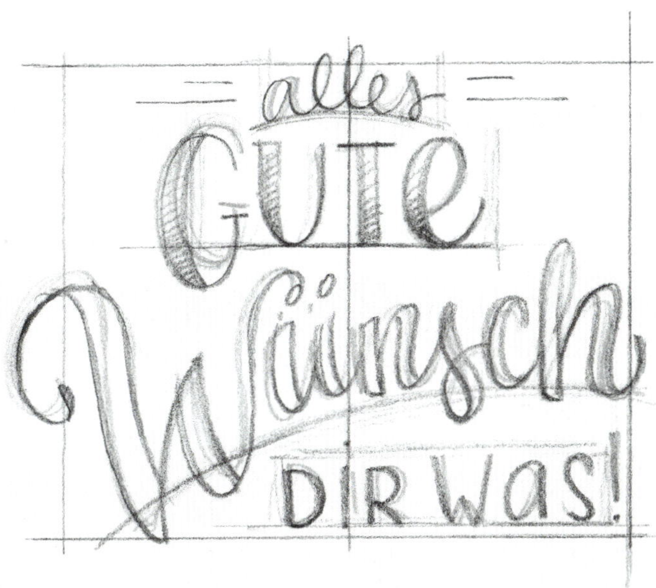

alles Gute Wünsch dir was!

4 Bist du mit dem Entwurf zufrieden, zeichne das Motiv sauber durch. Es dient als Vorlage für das Kuchenglas. Das Glas sollte fett- und staubfrei sein, damit die Farben gut darauf haften. Praktischerweise klebe deine Vorlage auf die Innenwand des Glases, auf diese Weise kann man das Motiv direkt aufmalen.
Ist das Motiv übertragen, sollte man die Farbe im Ofen einbrennen, damit sie haltbar wird. Da jedoch im nächsten Schritt der Kuchen gebacken wird, kann die Backzeit auch zum Fixieren des Handletterings genügen. Achte auf die Hinweise des Herstellers. Beim Befüllen des Glases sollte man darauf aufpassen, nichts zu verkratzen.

Tipp

Für diesen Kuchen eignet sich jede Art von Rührteig. Verfeinere ihn mit Nüssen, Obst oder Schokostücken, ganz nach Belieben. Achte darauf, die Gläser maximal zu zwei Dritteln zu befüllen, damit die kleinen Kuchen aufgehen und du die Gläser hinterher aber noch verschließen kannst.

Die Gläser werden unmittelbar nach dem Backen geschlossen. So kann sich ein Vakuum bilden, das die feinen Kuchen für mindestens vier Wochen haltbar macht.

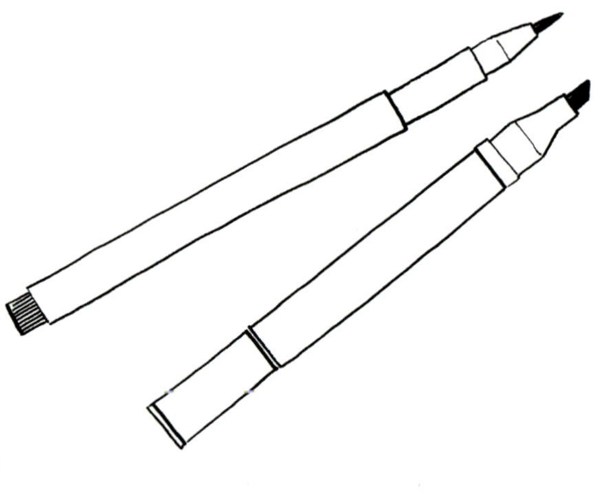

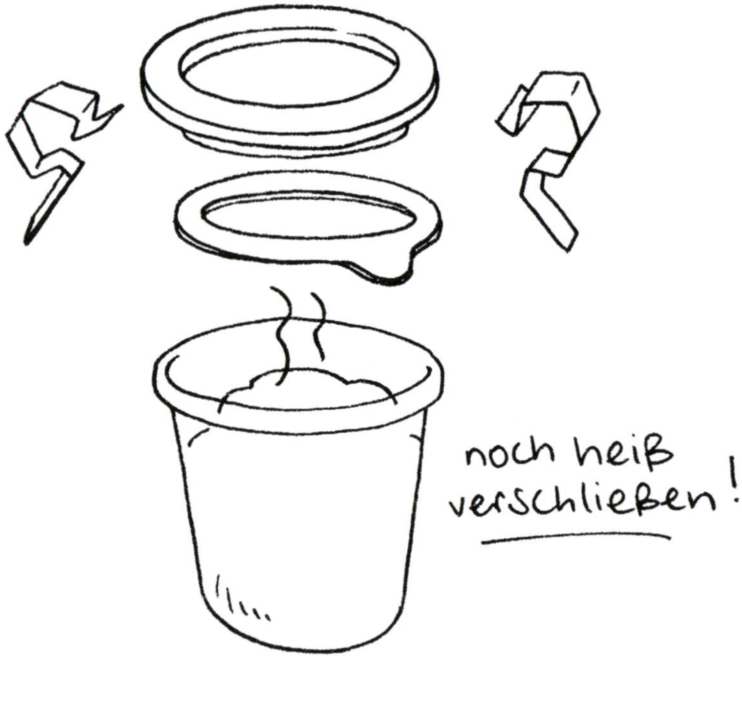

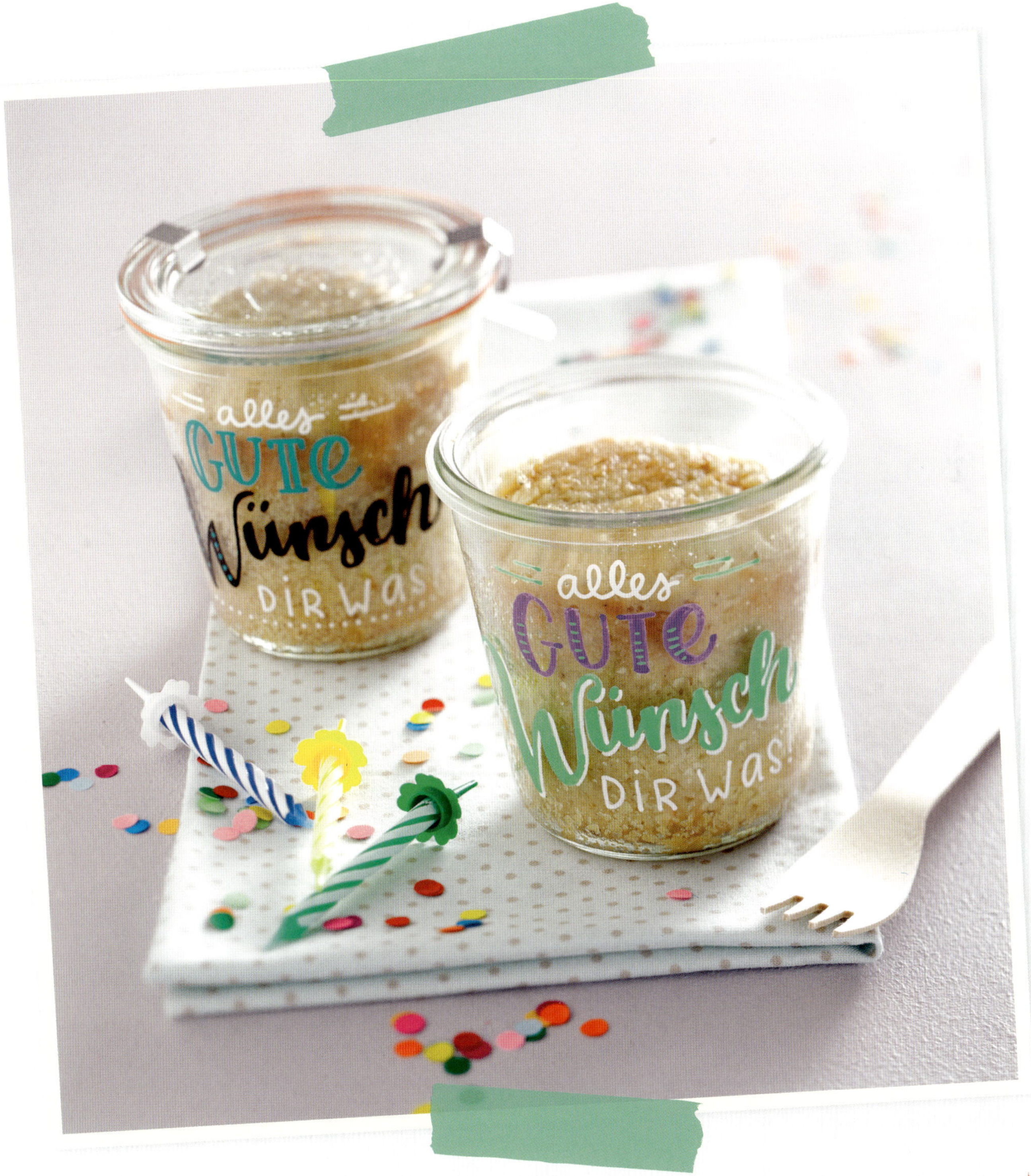
alles
GUTE
Wünsch
DIR WAS
alles
GUTE
Wünsch
DIR WAS!

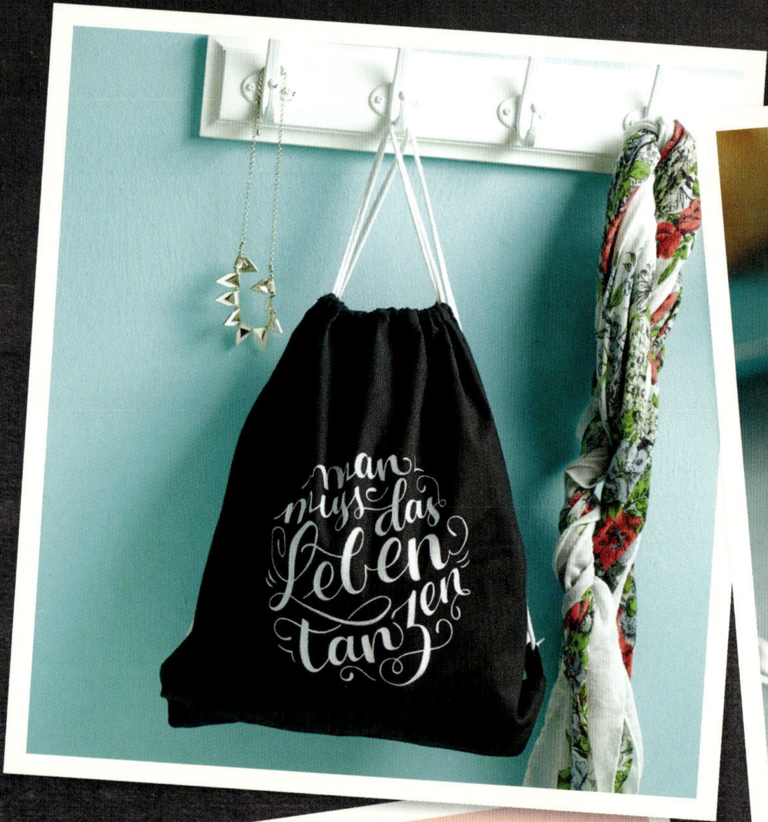
man muss das Leben tanzen

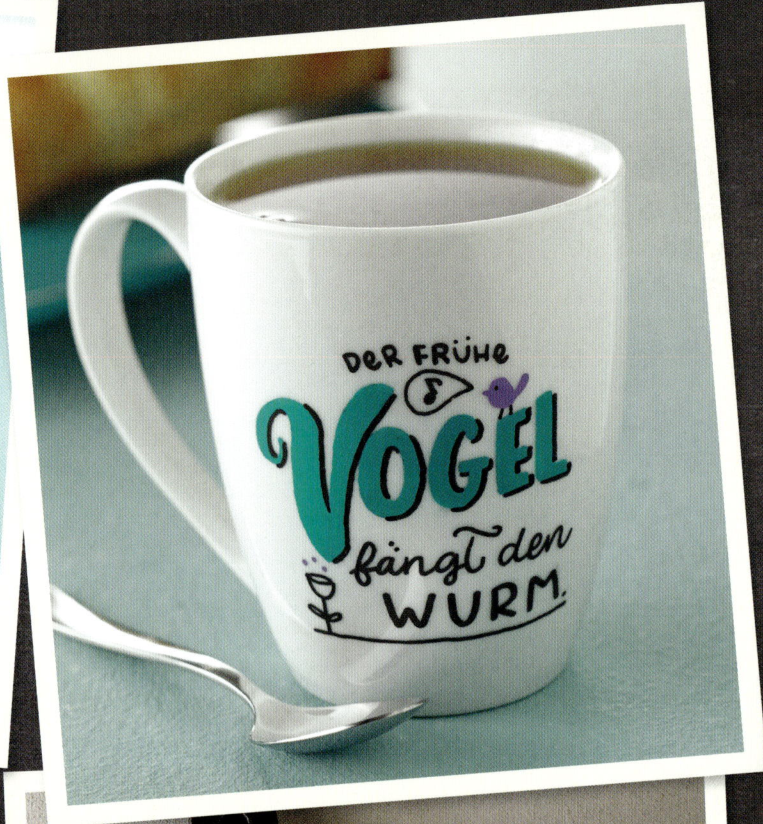
DER FRÜHE
VOGEL
fängt den
WURM

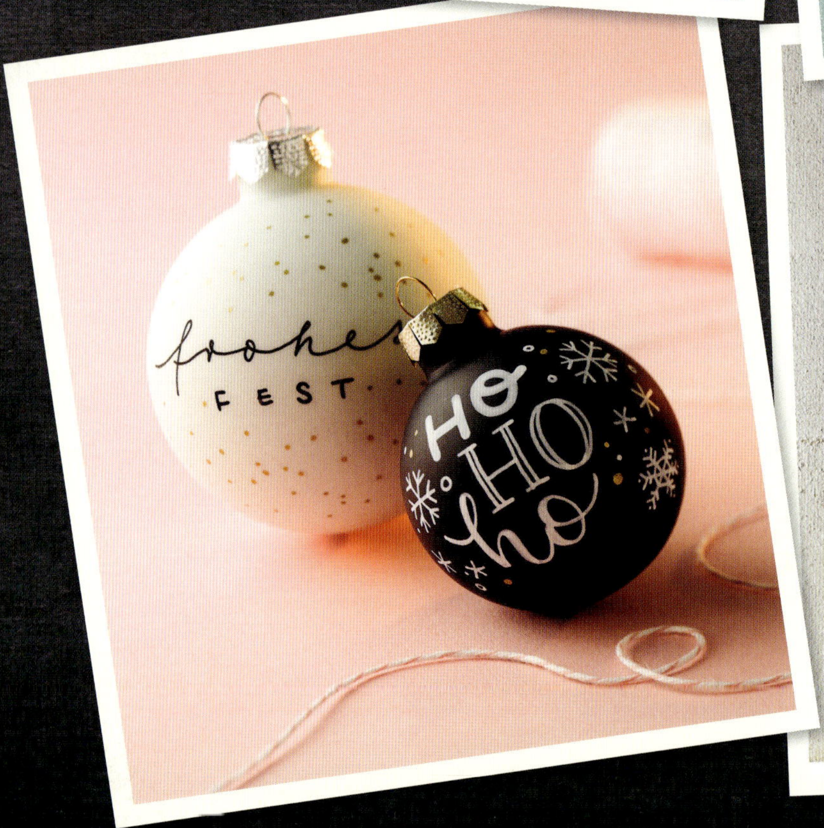
FEST
HO
HO
ho

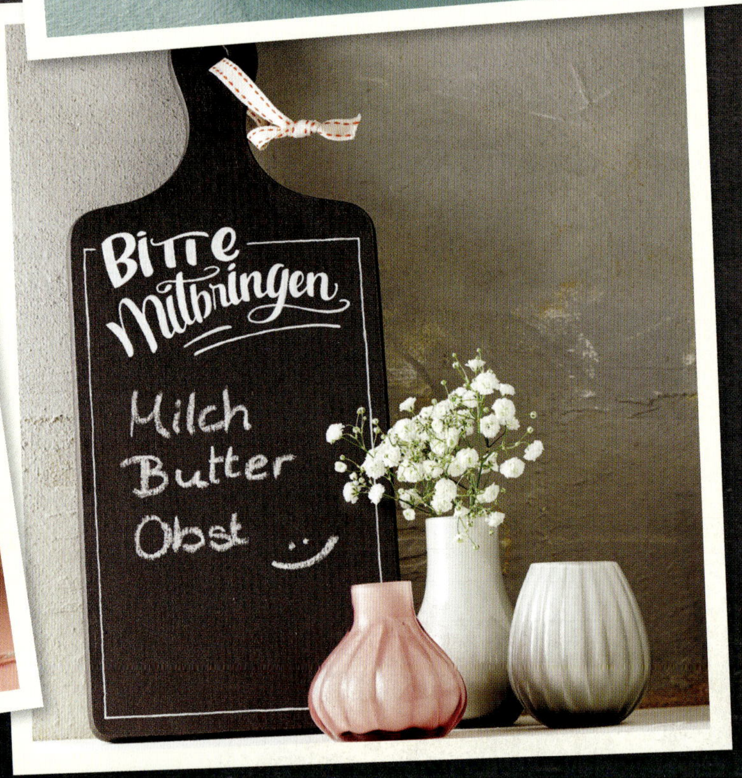
BITTE
Mitbringen
Milch
Butter
Obst

Wohnen

Handlettering ist unglaublich dekorativ und noch dazu viel zu schade, um in irgendeiner Schublade versteckt zu werden. Habe Mut und gestalte Alltagsgegenstände mit deinen persönlichen Letterings. Deinen Ideen sind keine Grenzen gesetzt. Wenn dich einmal das Handlettering-Fieber gepackt hat, dann ist in deiner Wohnung nichts mehr sicher.

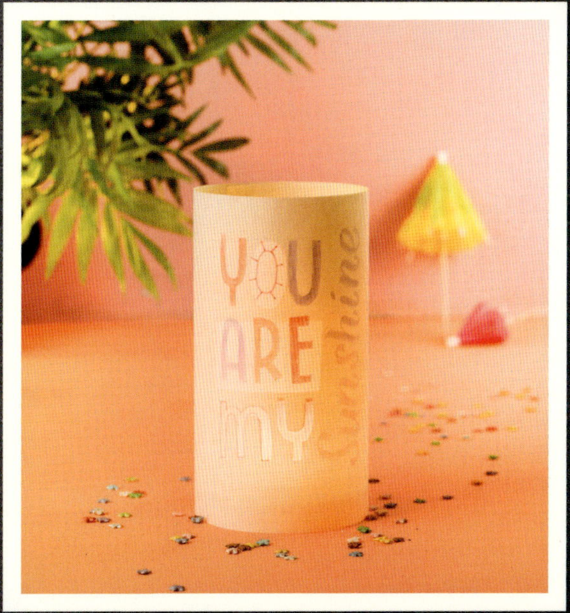

Nützliche Kreidetafel

Tafeln gehören längst nicht nur ins Klassenzimmer. Auch in Küche und Garten machen sie sich nützlich und sind zugleich sehr dekorativ. Hier funktionieren wir ein hölzernes Schneidebrett zu einer Einkaufsliste um.

DU BRAUCHST

Holzbrett

Tafelfarbe

Pinsel oder Farbrolle

Kohlepapier

weiße Marker

evtl. Kordel oder Band

Vorlage S. 98

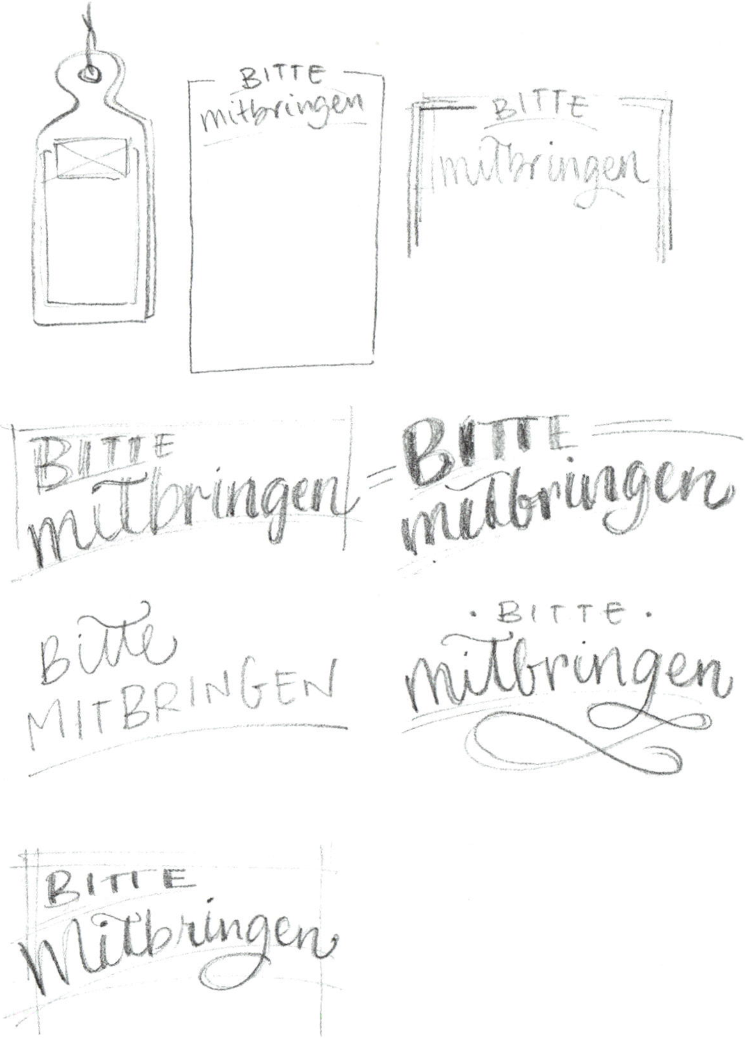

Hast du ein geeignetes Holzbrett vor dir liegen, überlege, wie du deine ganz persönliche Einkaufsliste gestalten willst. Soll das Lettering oben oder unten platziert werden? Das Brett ist deine Leinwand: Kennst du die Maße, lässt es sich präziser arbeiten.
Beginne mit Skizzen auf Papier und Erfahrungsgemäß entwickelt sich aus dem Probieren ein Motiv, mit dem du zufrieden sein wirst.
Ich empfehle zudem, das Holzbrett rechtzeitig für das Handlettering vorzubereiten. Die Tafelfarbe muss schließlich gut trocknen. Trage die Farbe in zwei Schichten auf das Brett auf und lege es beiseite, um dich dem Lettering widmen zu können.

1 Wähle aus den vorab entwickelten Skizzen dein Lieblingsmotiv aus. Die richtigen Maße hast du ja bereits genommen und kannst so die Hilfslinien ziehen, die es dir leichter machen, die Wörter in schönem Bogen oder gerade zu zeichnen.

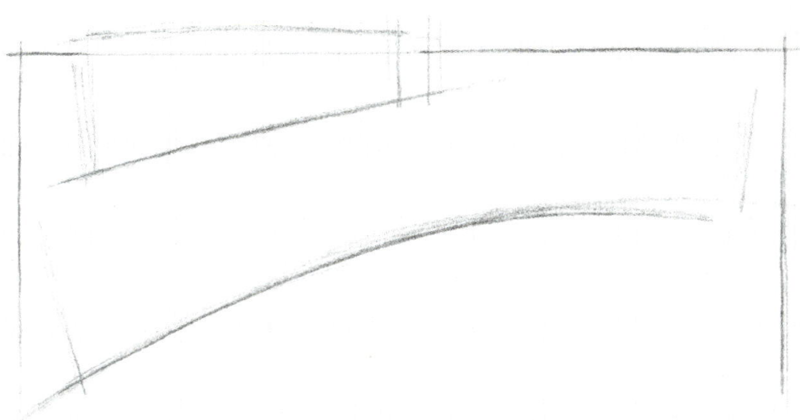

2 Im nächsten Schritt setzt du die Wörter ein. Zunächst genügen die Grundformen, um die richtige Position zu finden. Radiere, wenn dir ein Buchstabe nicht gefällt, zeichne gelungene Buchstaben erneut nach.

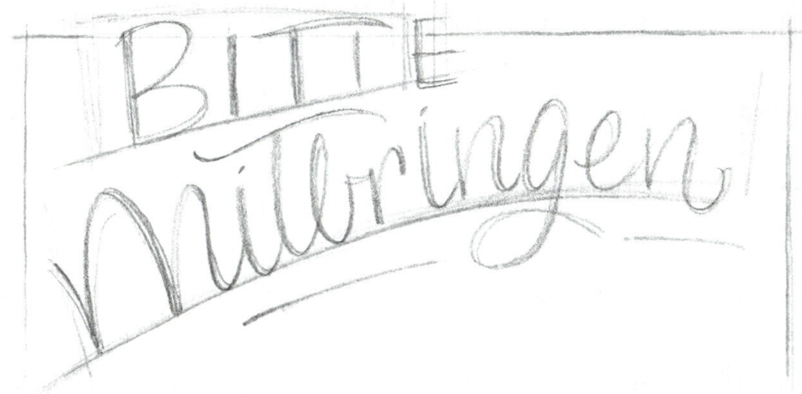

3 Zeichne weiter, festige die Linien und gebe den Buchstaben mehr Substanz. So werden die Grundformen zu stämmigen Großbuchstaben oder zur schwungvollen Schreibschrift. Überlegen auch, einen Rahmen zu ziehen oder dekorative Elemente einzufügen, um die Tafel zusätzlich aufzuwerten.

4 Fast geschafft. Pause das Handlettering auf Transparentpapier durch, so können beim Übertragen auf das Holz keine Bleistiftlinien verwirren. Letzte Details einfügen und ein Wort verschieben sind während des Abpausens noch möglich.

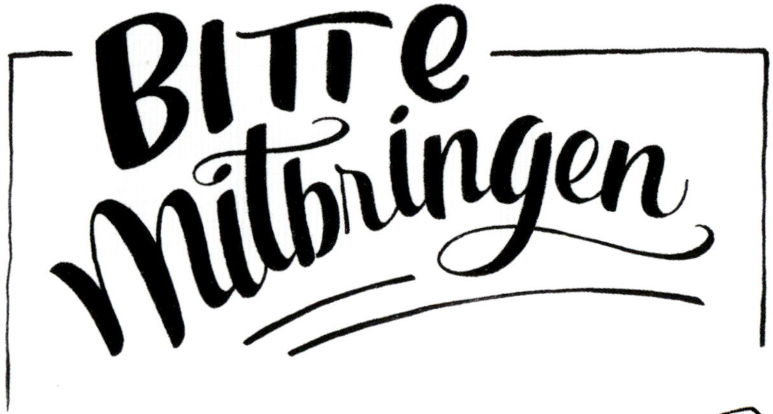

Finishing

Übertrage mithilfe von weißem Kohlepapier das Lettering auf das vorbereitete Holzbrett. Fixiere es hierzu am besten mit einem Stück Klebeband, damit nichts verrutscht. Wenn du die Buchstaben mit einem wasserfesten Marker nachzeichnest, bleibt das schöne Handlettering erhalten, während du die Einkaufslisten beliebig ergänzen und wegwischen kannst. Mit einem hübschen Band lässt sich das Brett an die Wand hängen.

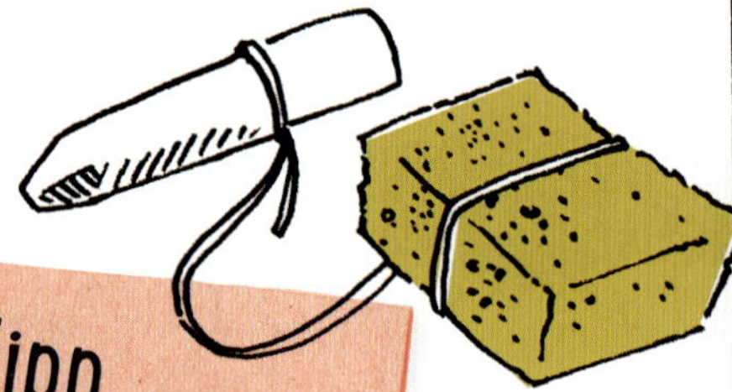

Tipp

Mit Tafelfarbe lassen sich viele schöne Dinge umsetzen. So kannst du die Töpfe, in denen deine Küchenkräuter gedeihen, auf diese Weise schön beschriften. Terrakotta-Töpfe eignen sich gut als Untergrund für Tafelfarbe.

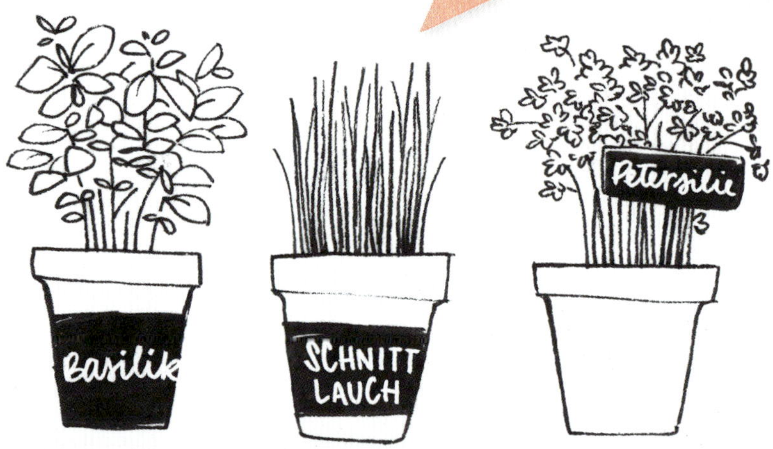

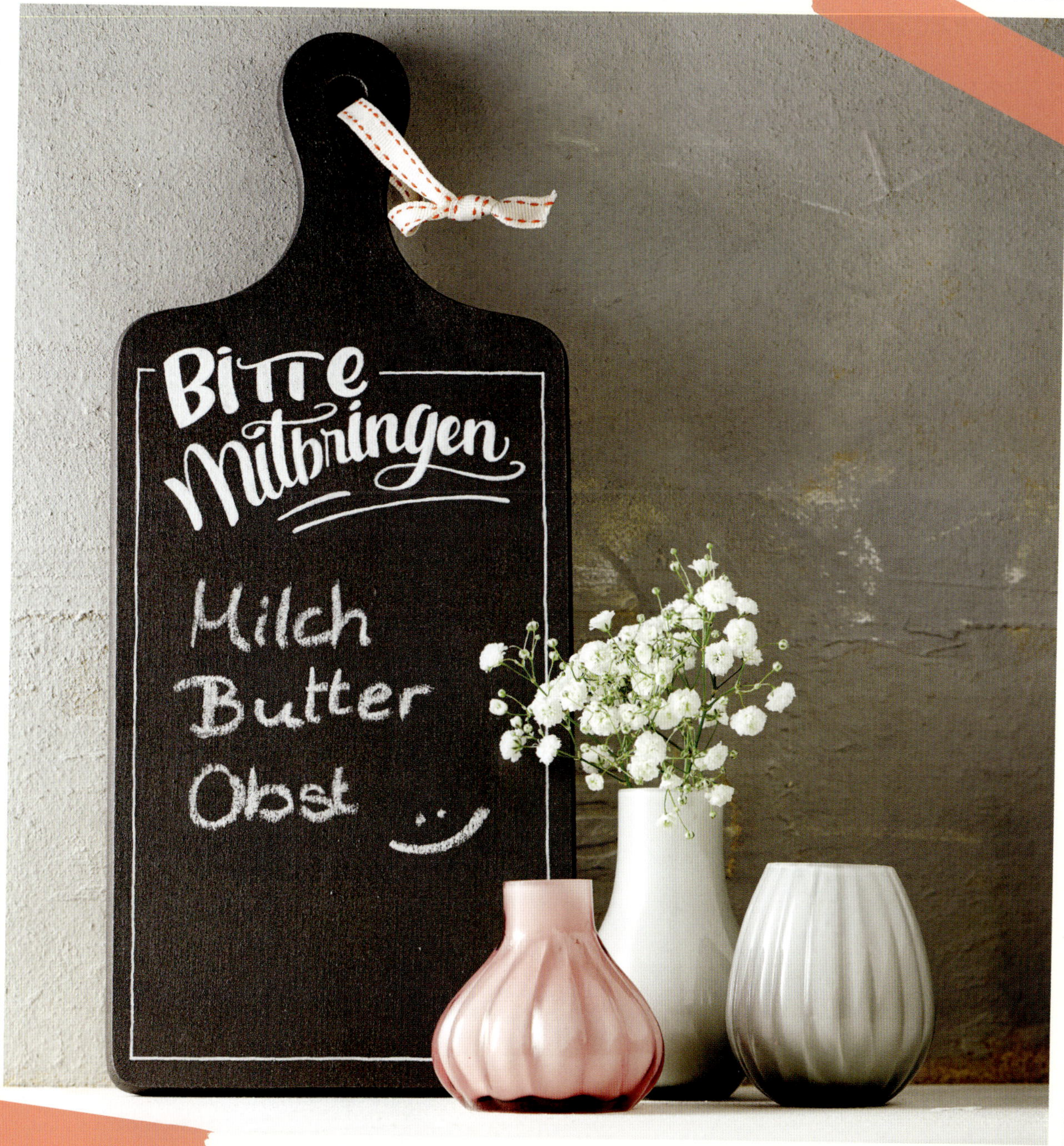
Bitte
mitbringen
Milch
Butter
Obst

Individueller Baumschmuck

Diese dekorativen Stücke schmücken nicht nur den festlichen Weihnachtsbaum, sie können auch originelle Geschenkanhänger oder ganz persönliche Geschenke sein. Zugegeben: Die zarten Glaskugeln zu bemalen ist eine Herausforderung. Aber mit etwas Geschick und Geduld lassen sich kleine Schmuckstücke zaubern.

DU BRAUCHST

- (Christbaum)Kugeln deiner Wahl
- Haken oder Bänder zum Aufhängen
- farbige Acrylmarker, z. B. von Posca
- Glasreiniger
- (Küchen)Tuch, evtl. Wattestäbchen
- dünne Stoffhandschuhe
- Tasse oder Glas als Halterung

Vorlage S. 75

Dieses Projekt ist ein wenig anders und freier in der Handhabung, denn die runde Oberfläche der Glaskugeln und ihre Zerbrechlichkeit machen es uns schwer. Mit ein paar Tricks kann es dennoch gelingen.

Der unkomplizierteste Weg besteht wohl darin, das Motiv vorher zu überlegen und auf Papier zu zeichnen, dann aber gleich ohne Vorzeichnung mit Markern auf der Kugel zu arbeiten. Das gelingt nicht immer auf Anhieb, aber für Korrekturen oder einen Neustart empfiehlt sich ein Glasreiniger. Nimm für größere Flächen ein weiches Tuch, für Details tun es auch Wattestäbchen.

Deshalb findest du hier auch keine Schritt-für-Schritt-Anleitung, sondern eine Reihe von Vorlagen mit ein paar Tipps zum Übertragen auf deine eigenen (Christbaum)Kugeln.

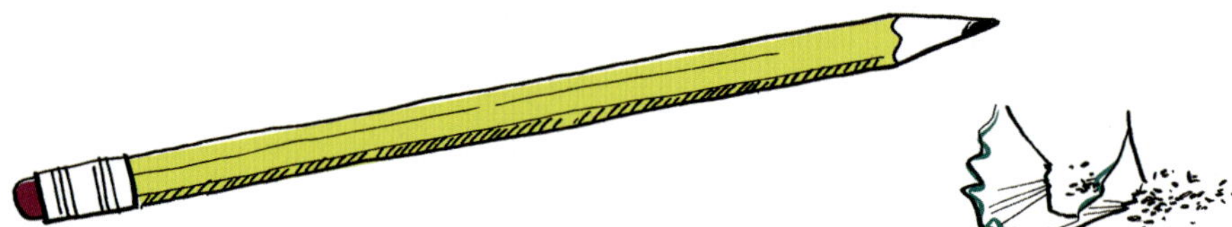

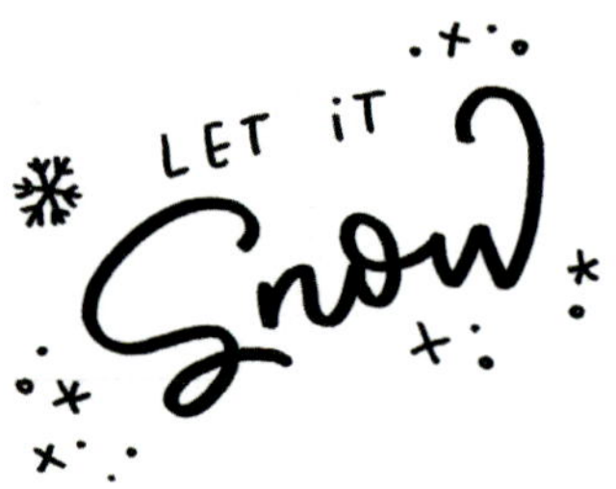

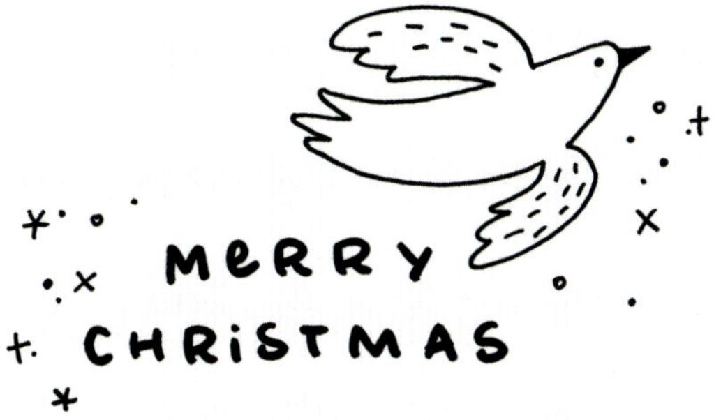

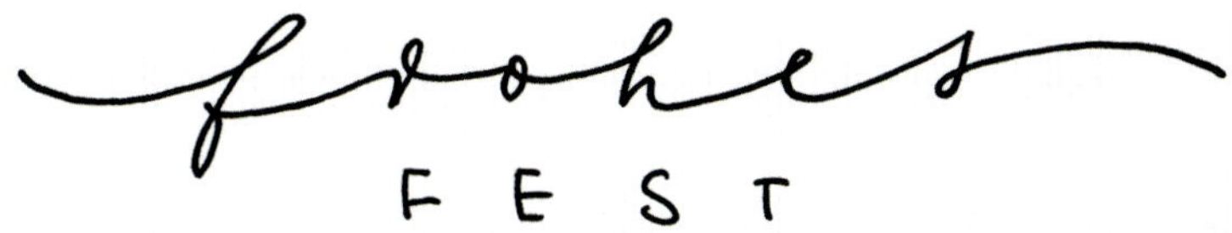

Für eine zentrierte Ausrichtung, beginne mit dem mittleren Buchstaben und arbeite nach außen.

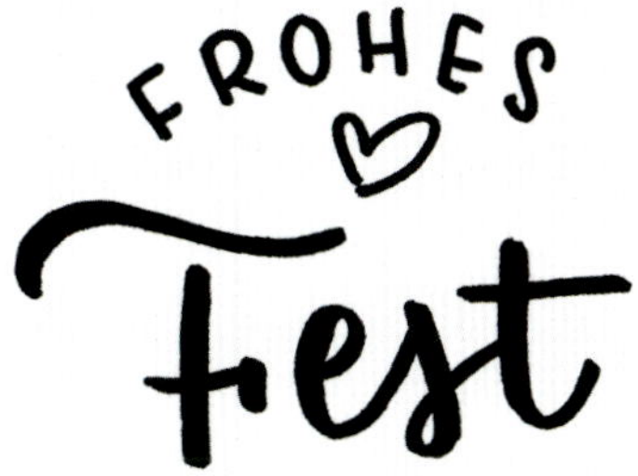

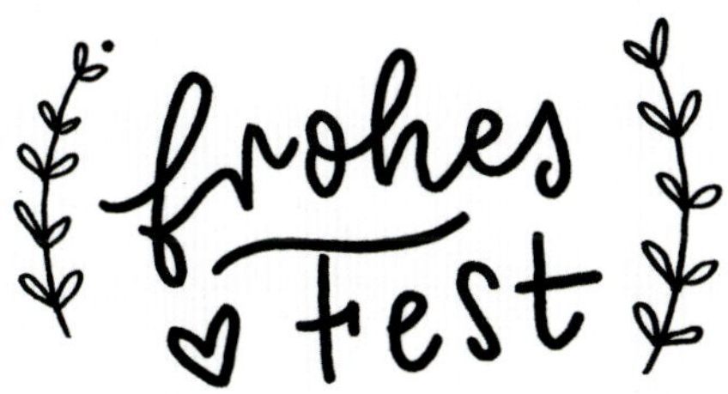

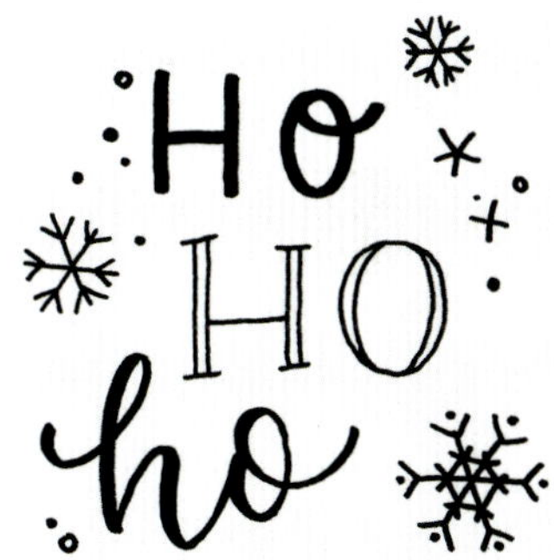

Ich empfehle mit dem Lettering zu beginnen und Schmuckelement anschließend zu ergänzen.

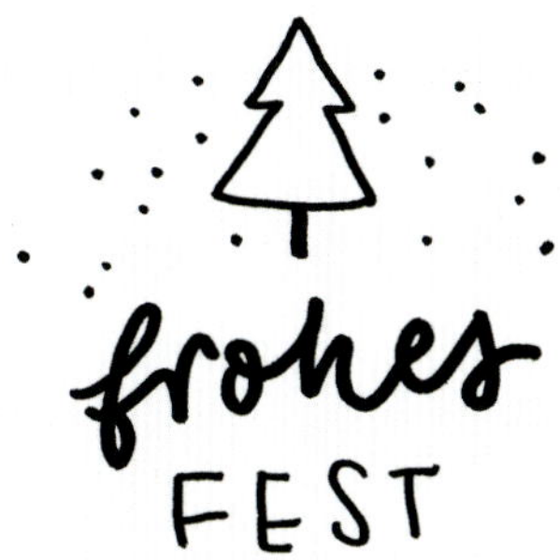

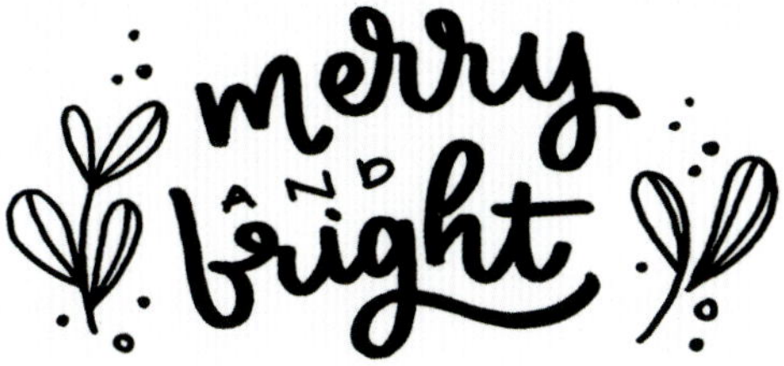

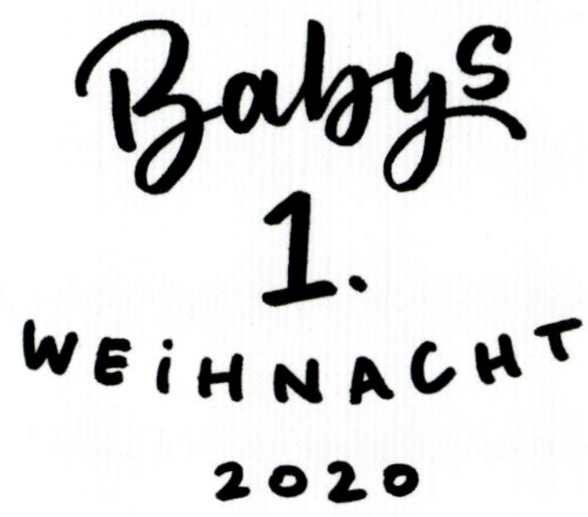

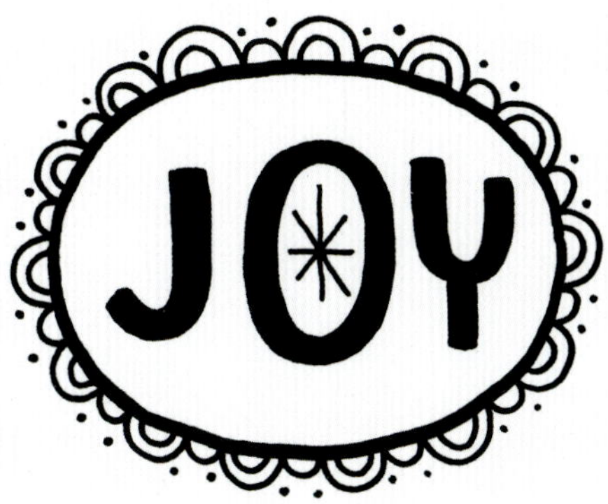

Hier übertrage ich erst den Rahmen und füge dann von der Mitte ausgehend die Buchstaben ein.

Finishing

Ich empfehle dir, dünne Stoffhandschuhe zu tragen, um die Glasoberfläche vor Fingerabdrücken zu schützen. Dadurch bleibt die Oberfläche fettfrei – eine optimale Vorbedingung für das einwandfreie Funktionieren deiner Marker. Um die Kugel beim Bemalen zu fixieren, eignen sich Becher oder Gläser, deren Öffnung etwas kleiner ist als der Durchmesser der Kugel. Die Kugel steht sicher und du kannst sie jederzeit drehen. So, und jetzt heißt es: Leg los!

Tipp

Beginne auf einer Testkugel, um verschiedene Stifte auszuprobieren und ein Gefühl für die runde Oberfläche zu bekommen. Es braucht etwas Übung.

Tipp

Kleinere Kugeln eignen sich, vielleicht dekoriert mit einem Schleifenband, als festliche Namensschilder auf dem gedeckten Tisch.

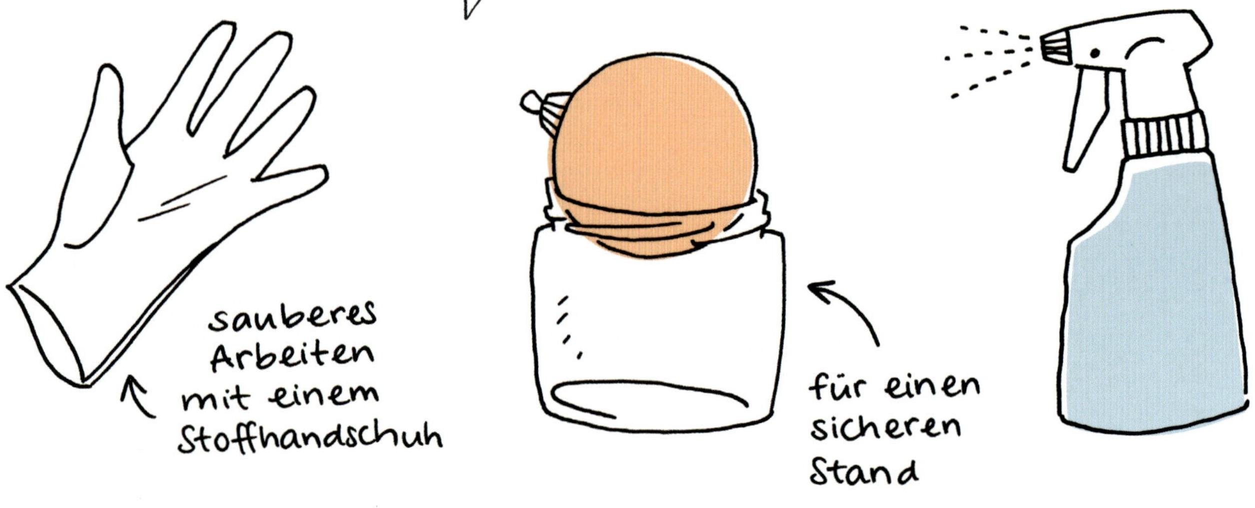

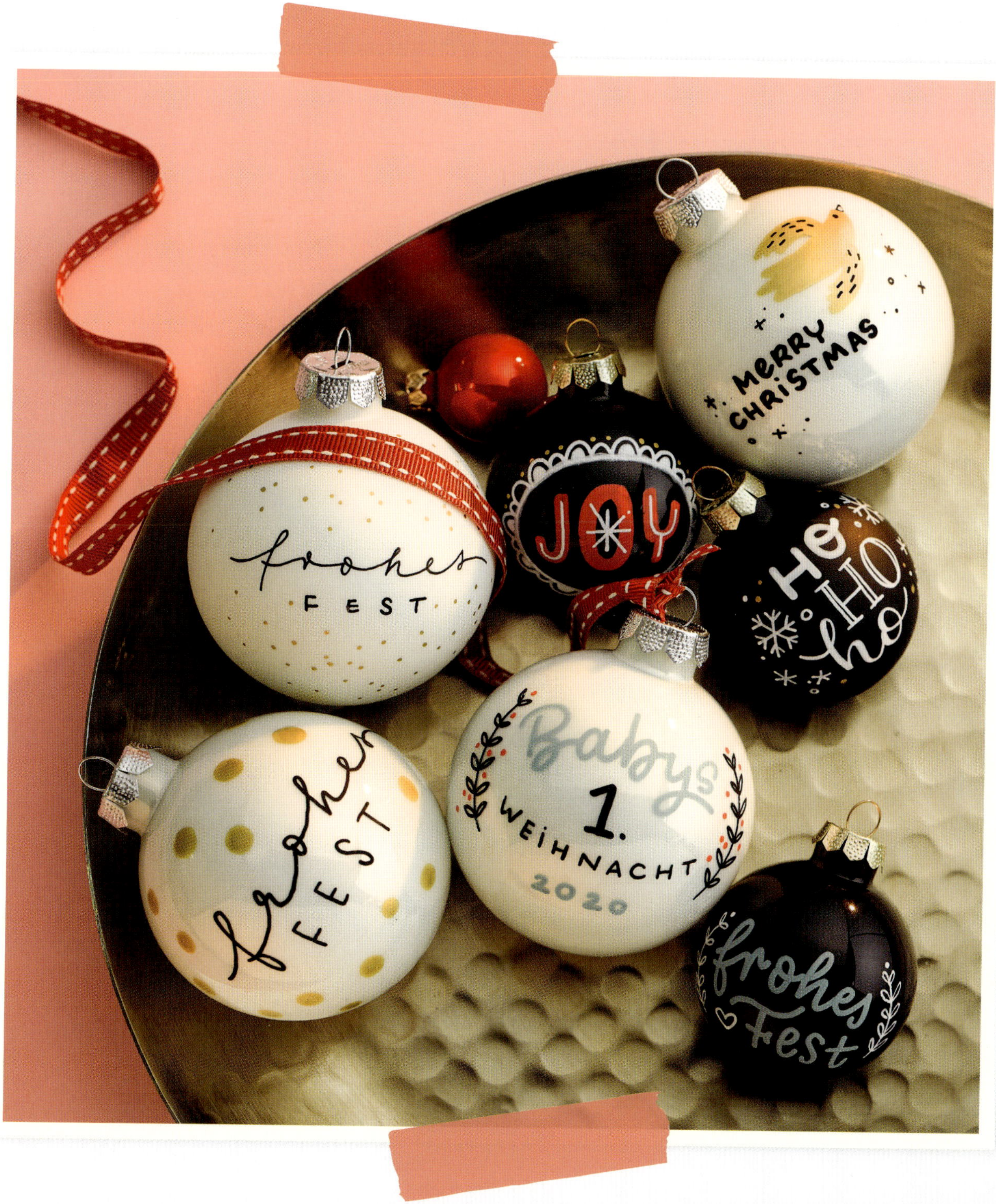
MERRY CHRISTMAS
JOY
frohes FEST
HO HO ho
frohes FEST
Babys 1. WEIHNACHT 2020
frohes Fest

Beschwingter Beutel

So ein Turnbeutel ist ein schicker Begleiter beim Shoppen. für den Ausflug zum See oder zum Tanzengehen. Auf diesem Stoff haben wir ein beliebtes Zitat verewigt.

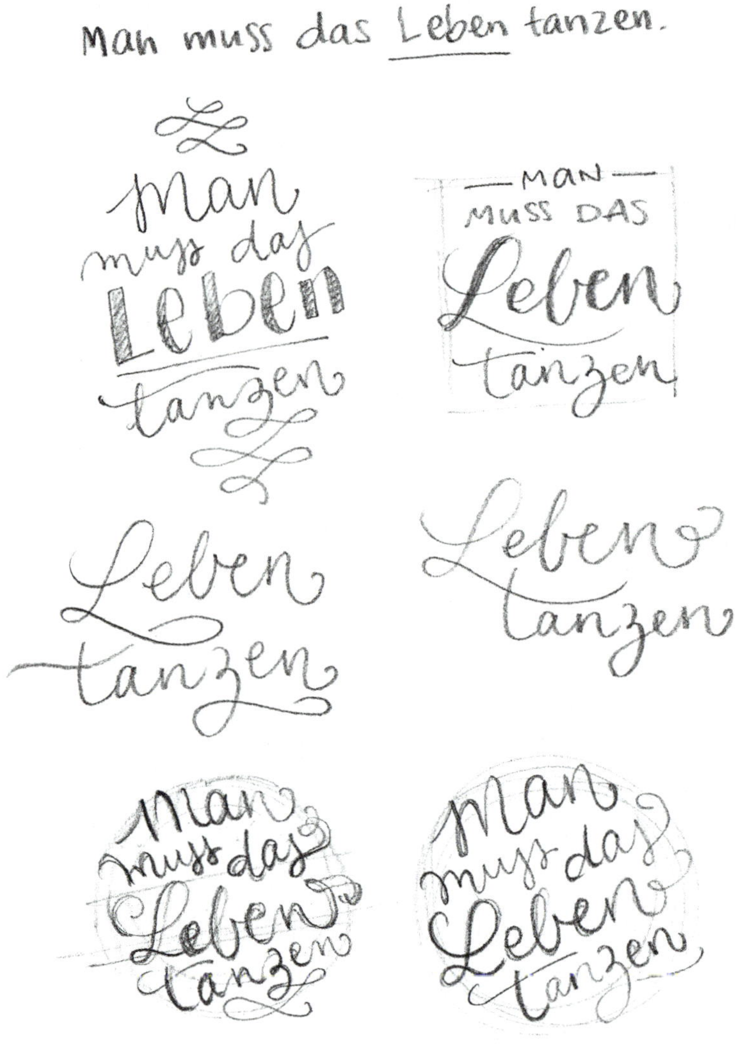

DU BRAUCHST

Turnbeutel

Kohlepapier

Textilfarbe, -stifte

Pinsel

Bügeleisen zum Fixieren

Vorlage S. 99

Vorbereitung

Wie bei jedem Projekt beginnst du mit ersten Skizzen, in denen du versuchst, dem Spruch eine Form zu geben. Lege die Komposition fest und teile den Spruch in sinnvolle Segmente. Probiere verschiedene Ansätze aus.

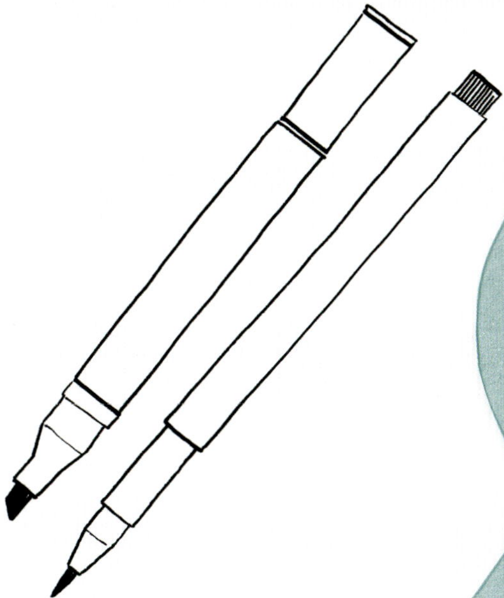

Tipp

Du kannst natürlich gleich in Originalgröße arbeiten. Miss dazu den Beutel aus. Augenmaß reicht meist völlig. Wenn es dir leichter fällt, kannst du genauso gut kleiner arbeiten und das Handlettering am Ende im Copy-Shop auf die richtige Größe vergrößern lassen.

1 Hast du eine Form gefunden, lege Hilfslinien an und nutze Raster. In diesem Fall ist es sinnvoll, einen Kreis aufzuzeichnen, damit die Komposition „rund“ wird. Achte dabei auf die richtige Größe.

2 Füge im nächsten Schritt die Wörter ein. Bei unserem Zitat verwenden wir eine Schreibschrift, diese kann man schön in Form bringen, zudem betont sie durch ihre Beschwingtheit den Aspekt des Tanzens. Die Unterlängen der Buchstaben fügen sich in darunterliegende Zwischenräume ein. Buchstabenenden lassen sich zu Schnörkeln verlängern, so füllt sich der Kreis.

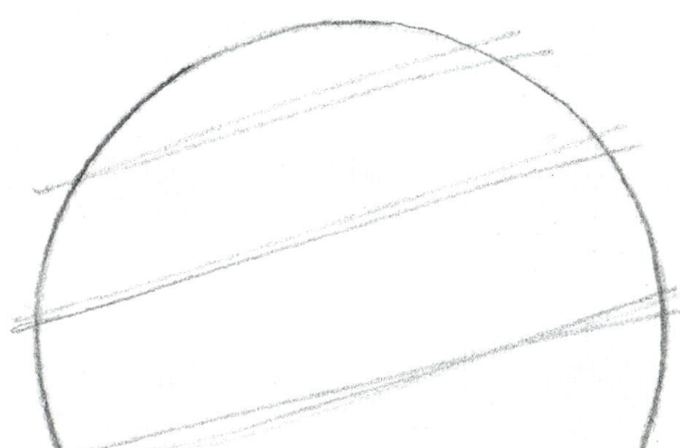

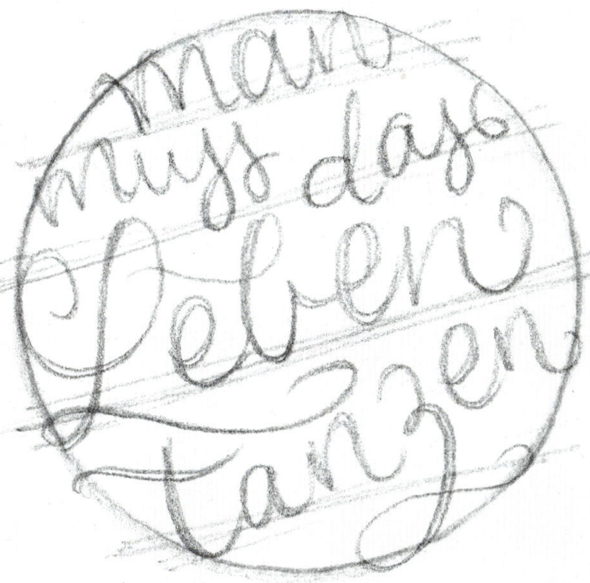

3 Die Schreibschrift wird weiter ausgearbeitet, das heißt, verschiedene Strichstärken werden definiert. Der Grundstrich, also der Strich, der abwärts verläuft, wird dicker.

4 Zu guter Letzt zeichnest du das Handlettering sauber auf ein Transparentpapier durch. So kannst du noch einmal die Position der Wörter beeinflussen.

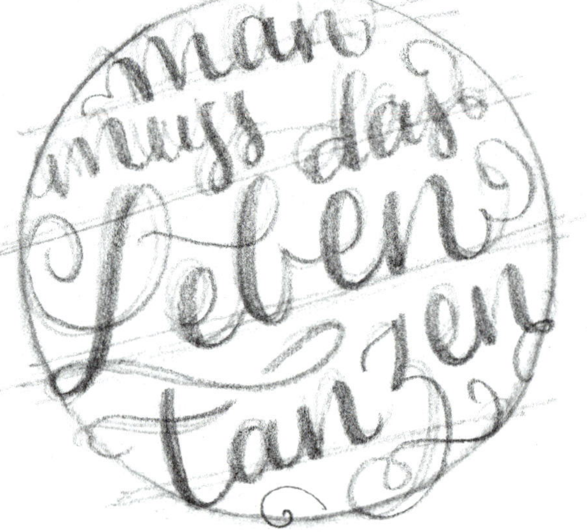

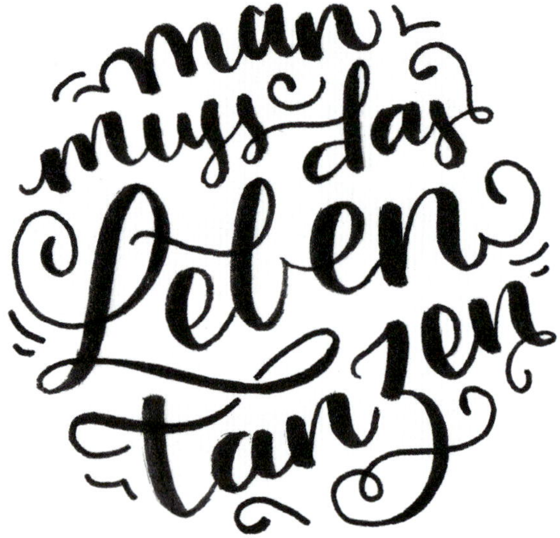

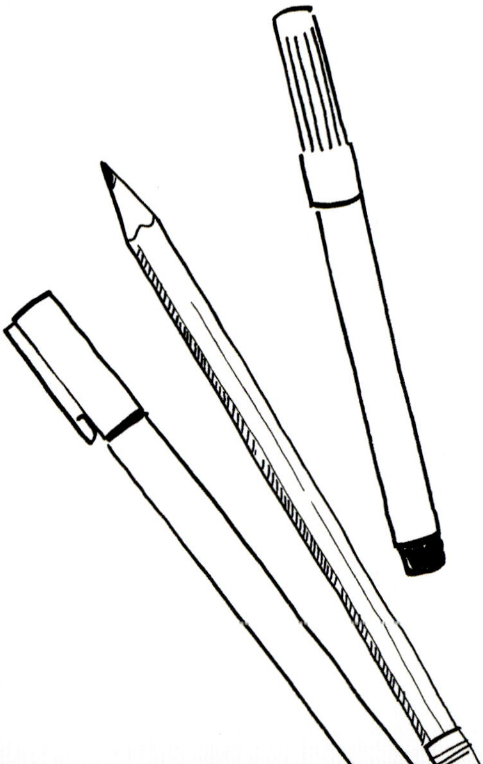

Finishing

Wie kommt der Spruch nun auf den Stoffbeutel? Dazu benötigst du je nach Stofffarbe weißes oder schwarzes Kohlepapier. Lege die Vorlage über das Kohlepapier auf den Beutel und fixiere alles mit einem Stück Kreppband. Fahre mit einem Bleistift das Motiv nach. Mit Stoffmalfarbe, egal ob als Stift oder mit einem Pinsel, malst du die Konturen nach und die Flächen aus.
Damit das Handlettering auch die nächste Wäsche überlebt, fixiert man die Farbe mit einem Bügeleisen. Drehe dazu das Stück auf links und beachte die Hinweise des Herstellers.

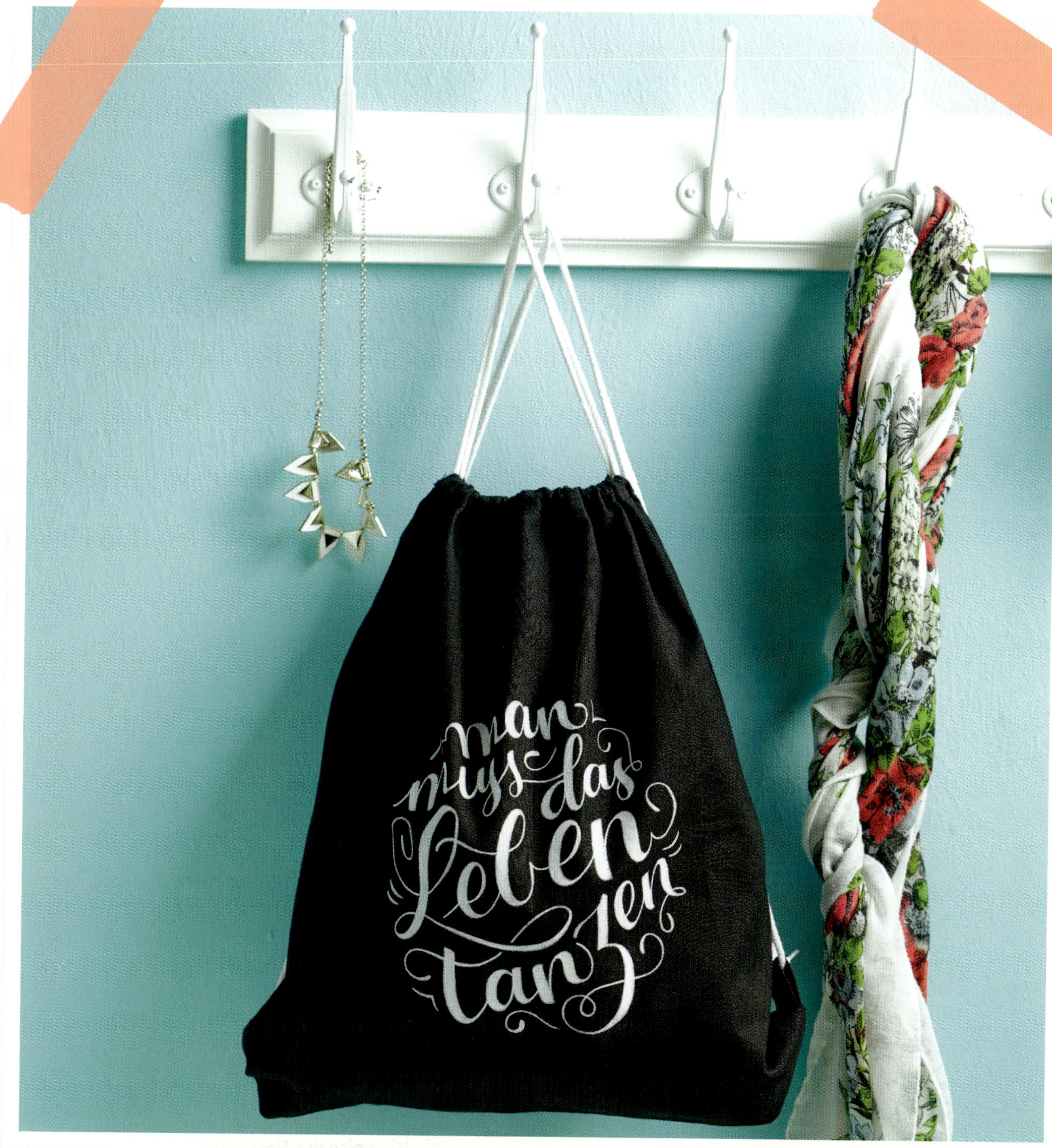
man muss das Leben tanzen

Tasse für Frühaufsteher

... für den frühmorgendlichen Kaffee oder deinen Lieblingstee. Auch Teller, Müslischalen oder Zuckerdosen lassen sich so mit persönlichen Motiven verschönern und eignen sich anschließend als originelle Geschenke oder Mitbringsel.

DU BRAUCHST

Tasse

Kohlepapier

Porzellanstifte

Vorlage S.95

Da dir die Tasse das Format für das Handlettering vorgibt, sollst du zuerst ausmessen, wie groß die Fläche ist, die du gestalten kannst. Hast du eine Motividee im Kopf, beginne damit, diese mit Bleistift aufs Papier zu bringen. Probiere dich aus, spiele mit Größen, Ausrichtung, Schriftarten. Das Motiv wird sich entwickeln und du kannst neue Ansätze finden.

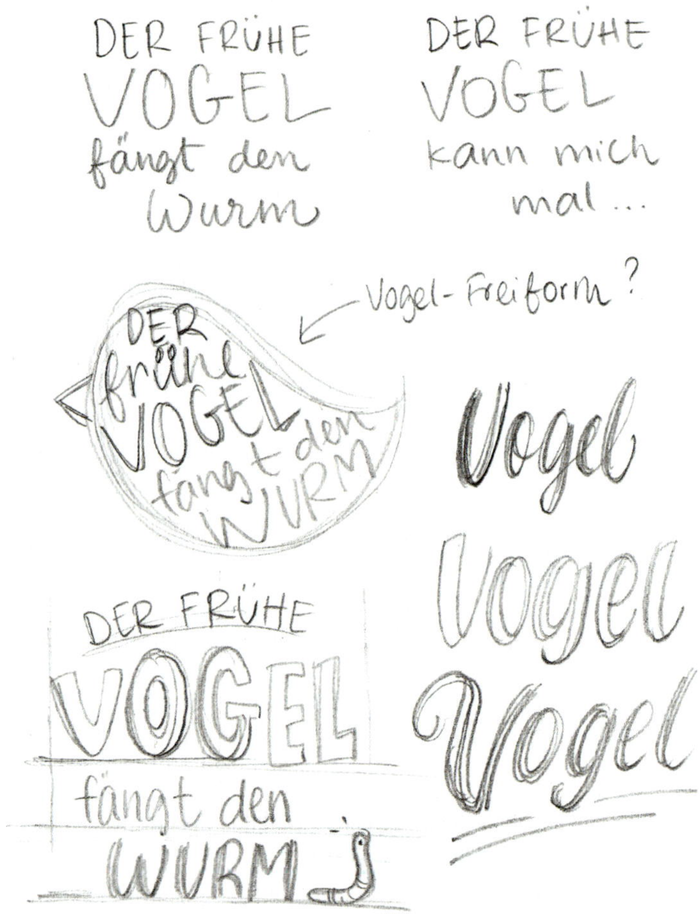

1 Wenn du mit einer der vielen Skizzen zufrieden bist, lege ein Raster in Originalgröße an. Zeichne Hilfslinien, die es leichter machen, gerade oder in einem sauberen Bogen zu schreiben.

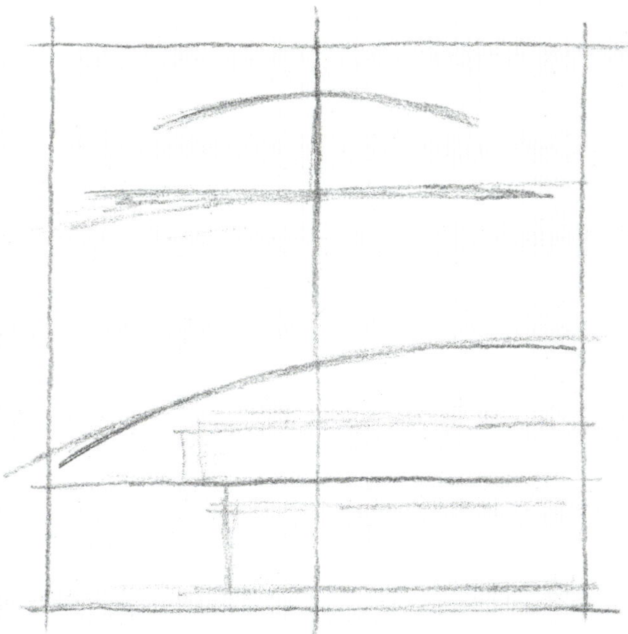

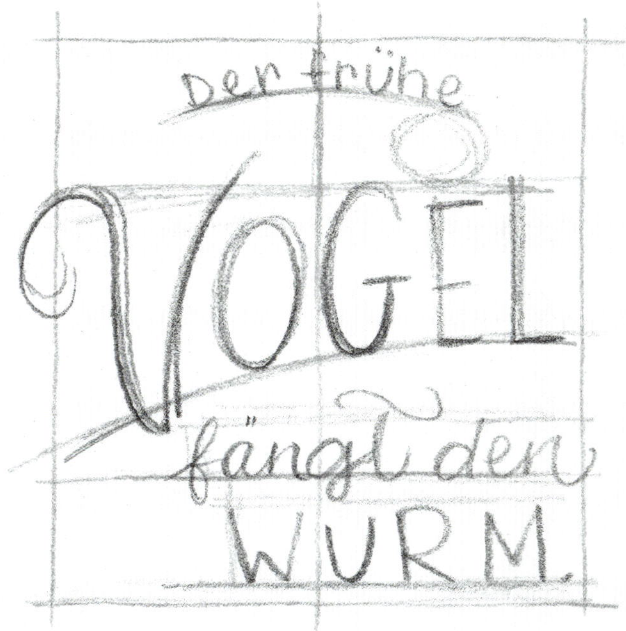

2 Fülle im nächsten Schritt das Gerüst mit Buchstaben und Wörtern. Es empfiehlt sich, erst einmal die Grundformen anzulegen, bevor du viel Arbeit mit aufwändigen Buchstaben machst und am Ende bemerkst, dass die Zeile nicht lang genug ist.

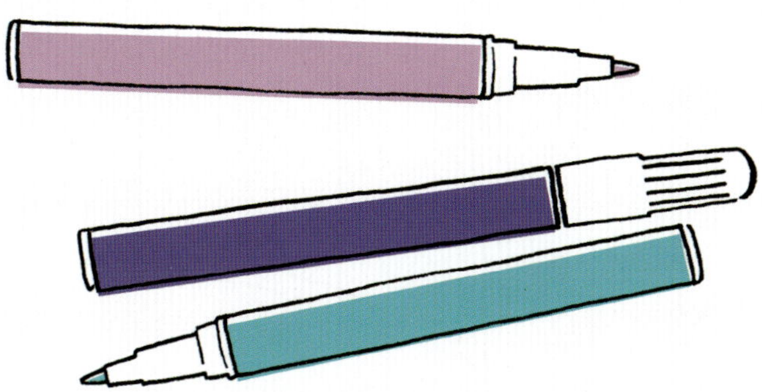

3 Schritt für Schritt gibst du den Buchstaben nun mehr Form. Je dicker die Strichstärke, umso mehr hebt sich das Wort vom Rest ab. Überlege, ob du kleine schmückende Elemente einfügst, die Räume füllen können.

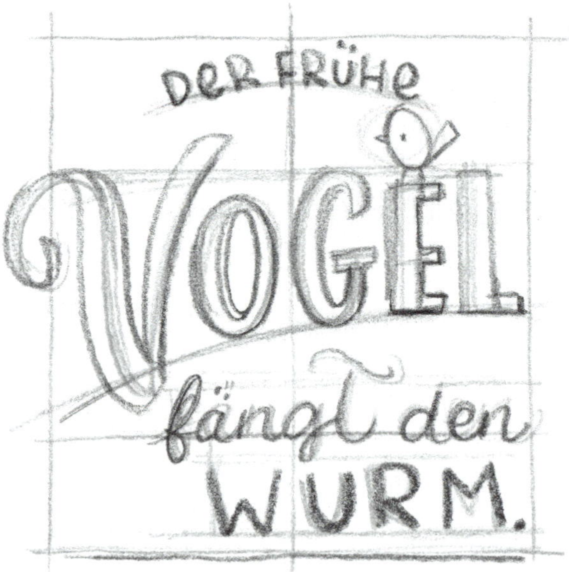

4 Pause das finale Motiv zum Schluss auf ein Transparentpapier. Füge letzte Details wie Schattenlinien hinzu und nimm noch einmal Einfluss auf Zeilen- oder Buchstabenabstände.

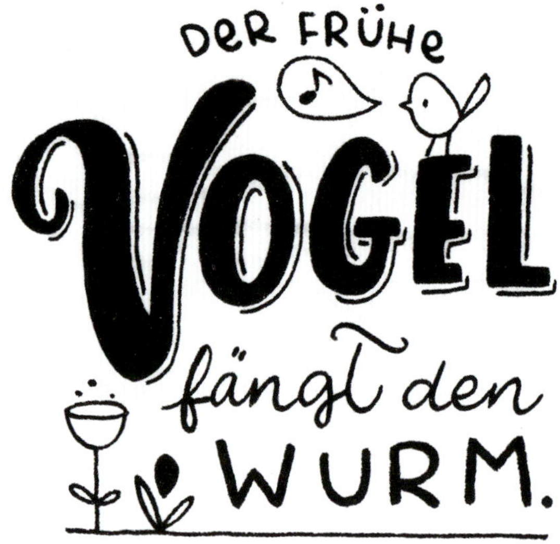

Finishing

Nun darf das Handlettering auf das Porzellan. Für ein optimales Ergebnis sollte die Tasse fett- und staubfrei sein. Lege die Vorlage an und fixiere sie mit Klebeband. Das Transparentpapier erlaubt es dir, das Motiv bestmöglich zu platzieren. Schiebe ein Stück Kohlepapier darunter und fahre das Motiv mit einem Bleistift nach, sodass es sich auf die Tasse überträgt.
Jetzt kannst du die Tasse mit Porzellanmalstiften vollenden. Ist die Farbe trocken, kann man Spuren des Kohlepapiers vorsichtig wegwischen. Wichtig ist nun, das Handlettering zu fixieren, damit sich die Buchstaben nicht beim nächsten Spülgang in Schaum auflösen. Achte dazu auf die Hinweise des Herstellers. Gewöhnlich stellt man das Geschirr bei 160 °C für mindestens eine halbe Stunde in den Backofen.

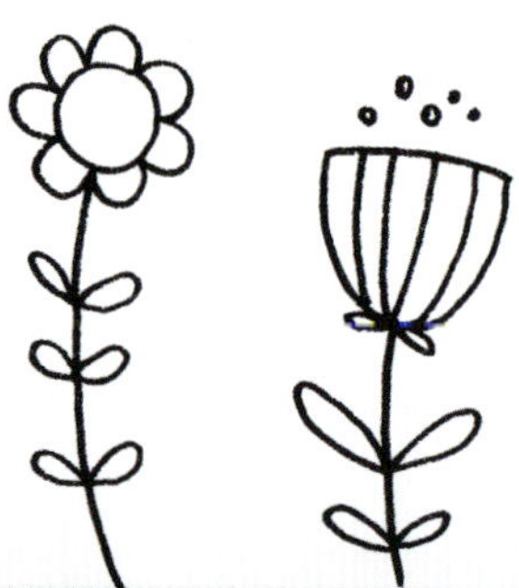

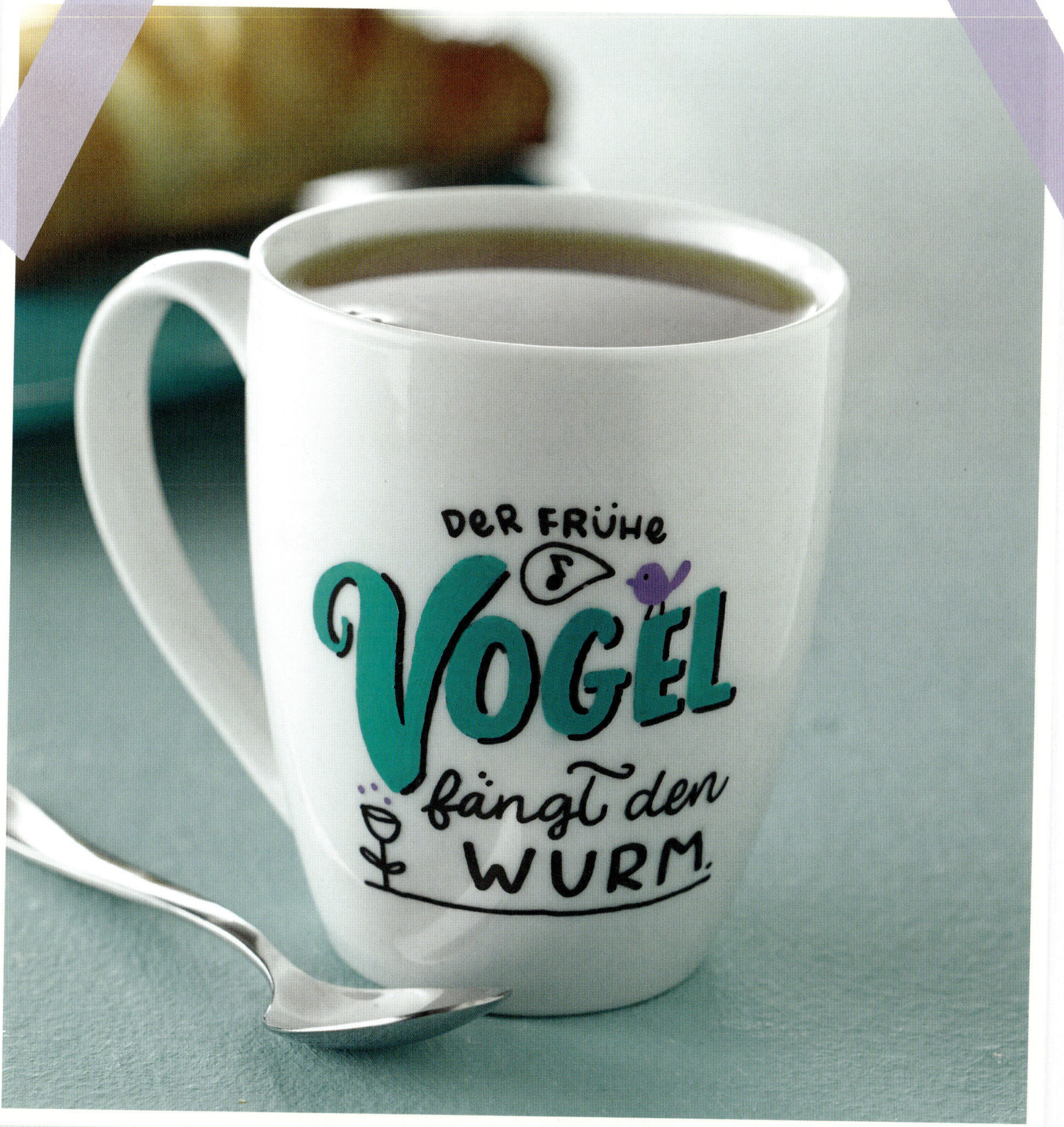
Der frühe
Vogel
fängt den
Wurm.

Stimmungsvolles Licht

Gerade in der dunklen Jahreszeit kann ein hübsches Teelicht Gemütlichkeit und Wärme verbreiten. Ein leuchtendes Handlettering kann einen gedeckten Tisch festlich dekorieren oder den heimischen Balkon in einer lauen Sommernacht gemütlich erleuchten.

DU BRAUCHST

- verschiedenfarbiges Transparentpapier, ab 100 g/m²
- farbige Marker deiner Wahl, z. B. ABTs von Tombow
- Klebeband oder Kleberoller
- Cutter oder Schere
- Teelicht oder Kerze im Glas

Vorlage S. 96

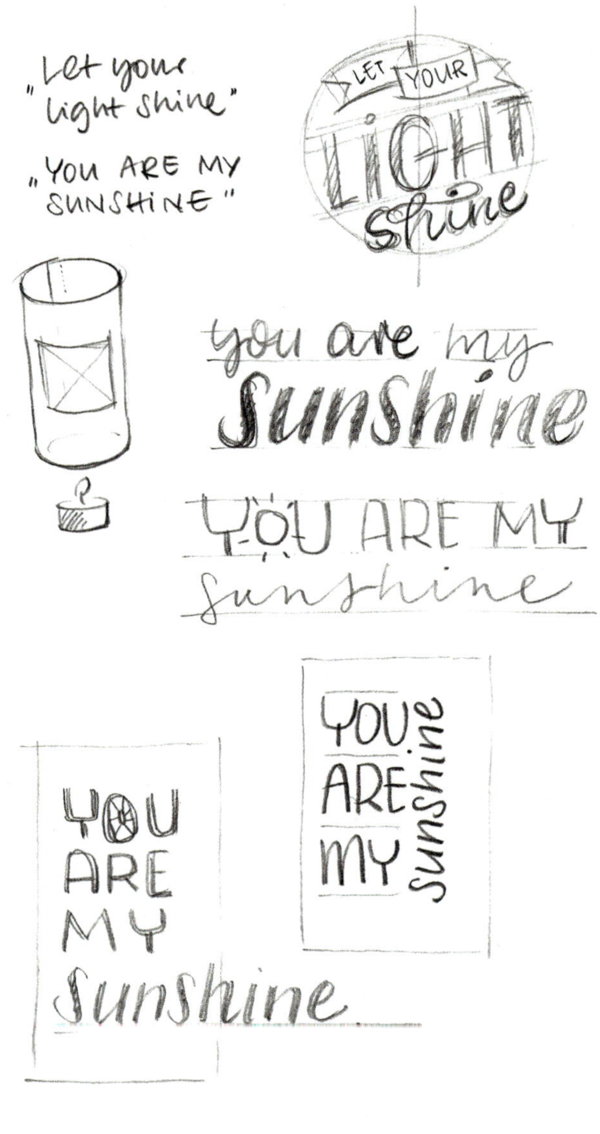

Mit wenigen Materialien und ohne komplizierte Bastelanleitung kannst du stimmungsvolle Lichter kreieren. Die einfachste Form ist der Zylinder, ein gerollter Bogen Transparentpapier.
Im ersten Schritt legst du das Format fest, das natürlich von der Kerze oder deinem Glas abhängig ist. Mein Bogen hat die Maße 30 × 17 cm. Der sichtbare Ausschnitt des Zylinders ist ungefähr 9 cm breit, entsprechend macht hier ein hochformatiges Motiv Sinn. Versuche in der Entwurfsphase verschiedene Ansätze aus.

1 Beginne wie immer mit einem Grundgerüst für das Lettering. Das Gerüst besteht zunächst aus Linien, mit deren Hilfe du die Verteilung der Buchstaben und Wörter festlegst. Setzte diese gleich im Anschluss ein, zunächst noch in einfacher Form.

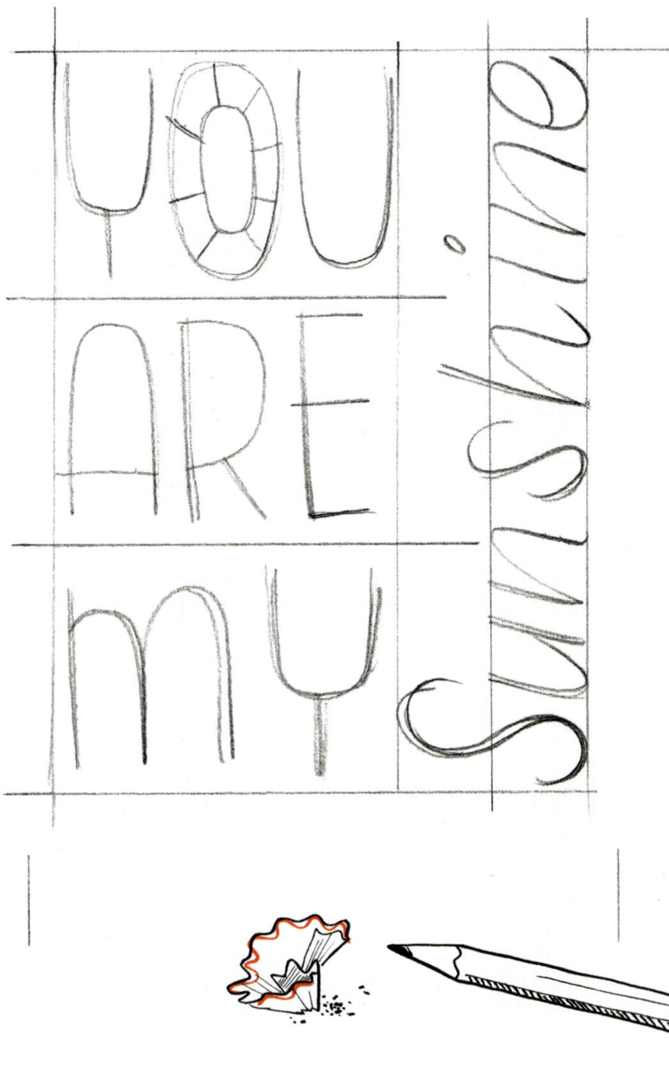

2 Im nächsten Schritt arbeitest du die Buchstaben weiter aus, damit sie Substanz erhalten. Das Wort „sunshine“ steht kursiv und soll die Anmutung einer Brush Script bekommen. Das heißt, die Strichstärken werden variiert. Achte darauf, dass die Buchstabenabstände sowie die Strichstärken selbst gleichmäßig bleiben.

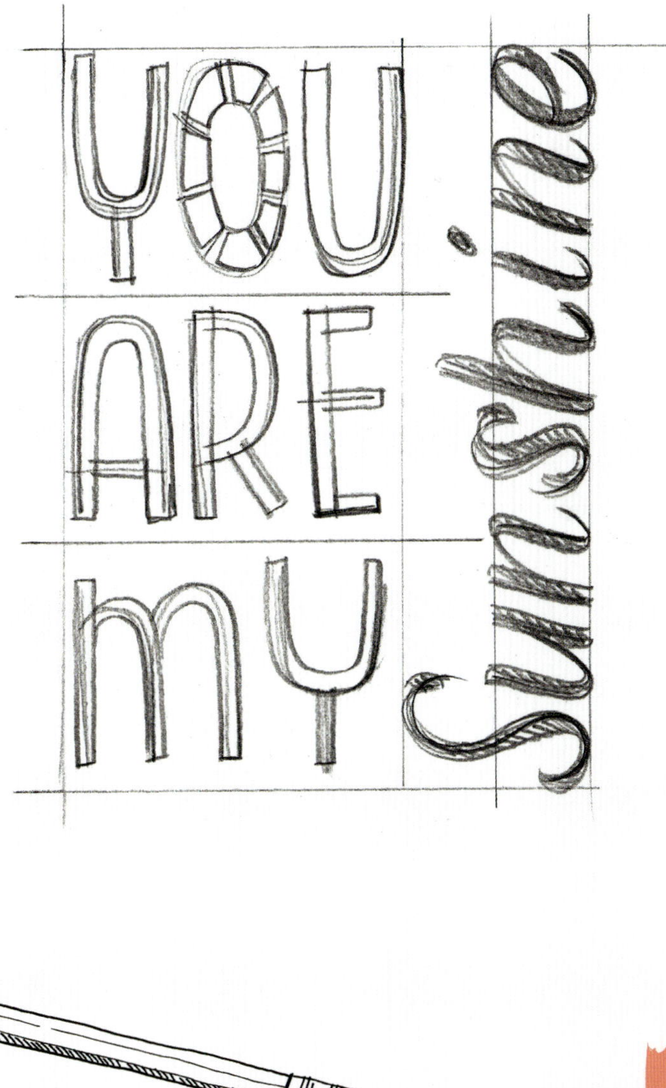

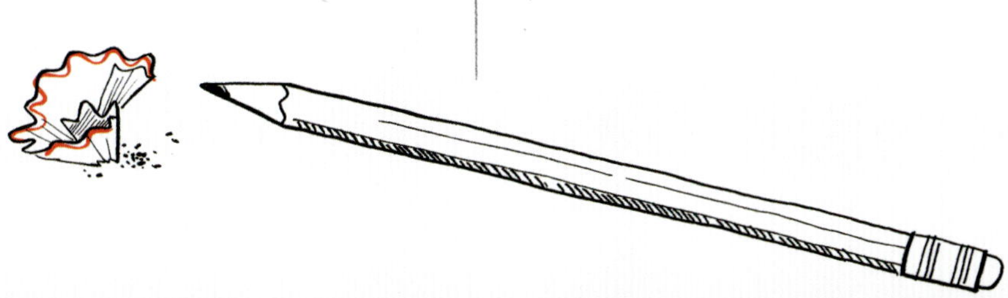

3 Zeichne jetzt dein Lettering mit einem Fineliner oder Filzstift sauber nach. Dies dient nun als Vorlage und kann auf das Transparentpapier übertragen werden.

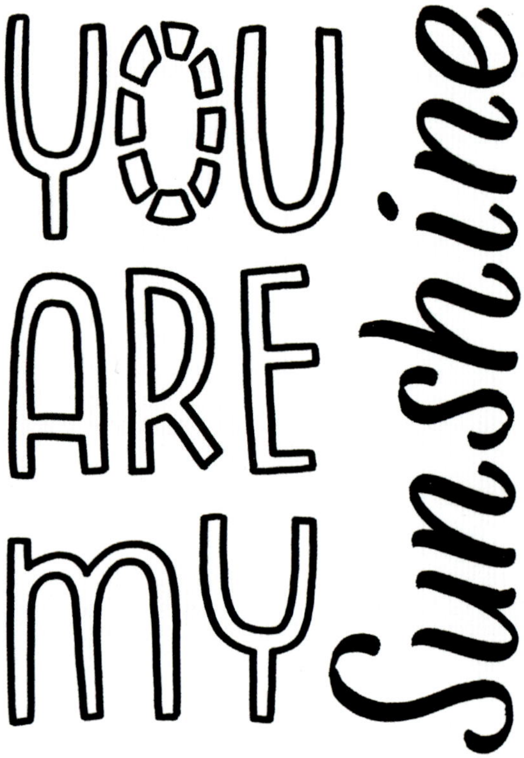

Finishing

Du kannst deine Vorlage vorsichtig mit einem harten Bleistift durchpausen. Solltest du mit Farben arbeiten wollen, empfehle ich allerdings einen farbigen Buntstift. Natürlich kannst du auch gleich mit Markern oder Filzstiften zeichnen. Vergiss dabei nicht, die Vorlage gut zu fixieren, beispielsweise mit Washi Tape.
Interessanter wird das Lichtspiel, wenn du mit verschiedenfarbigen Lagen Transparentpapier arbeitest und zum Beispiel aus der unteren Lage mit einem Cutter Formen ausschneidest. So entstehen Mischtöne und neue Formen. Außerdem wird das Windlicht auf diese Weise stabiler.
Rolle die Papiere zum Schluss sanft und fixiere die sich überlappenden Seiten. Anschließend kannst du dein Lettering in Rollenform über ein Teelicht stellen. Sicherer wird es durch ein kleines Glas.

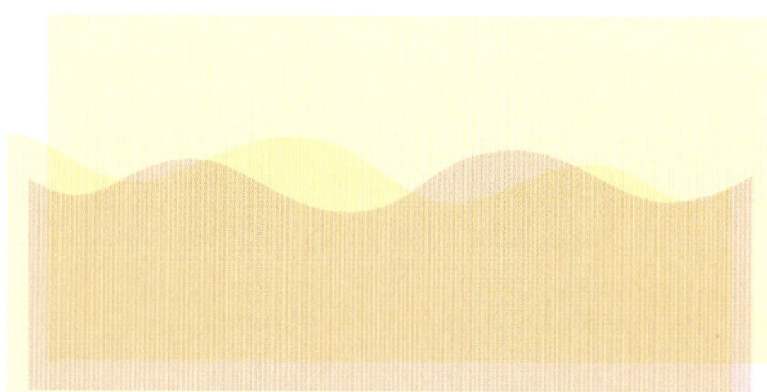

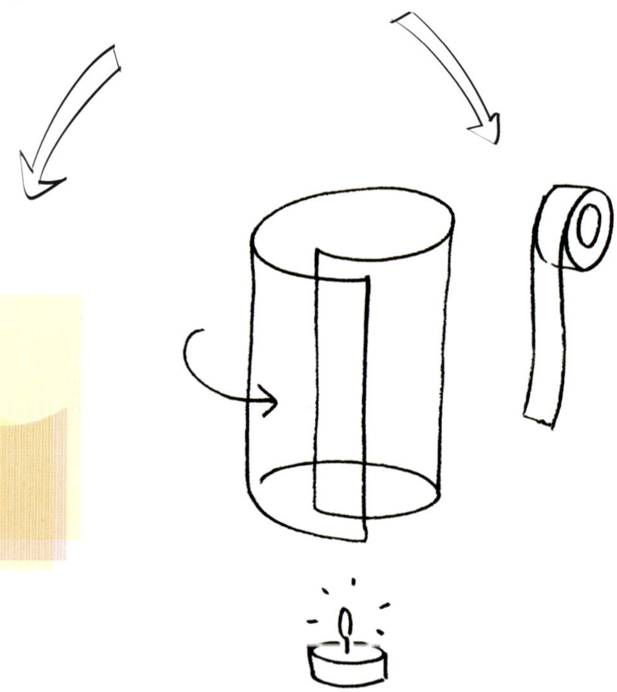

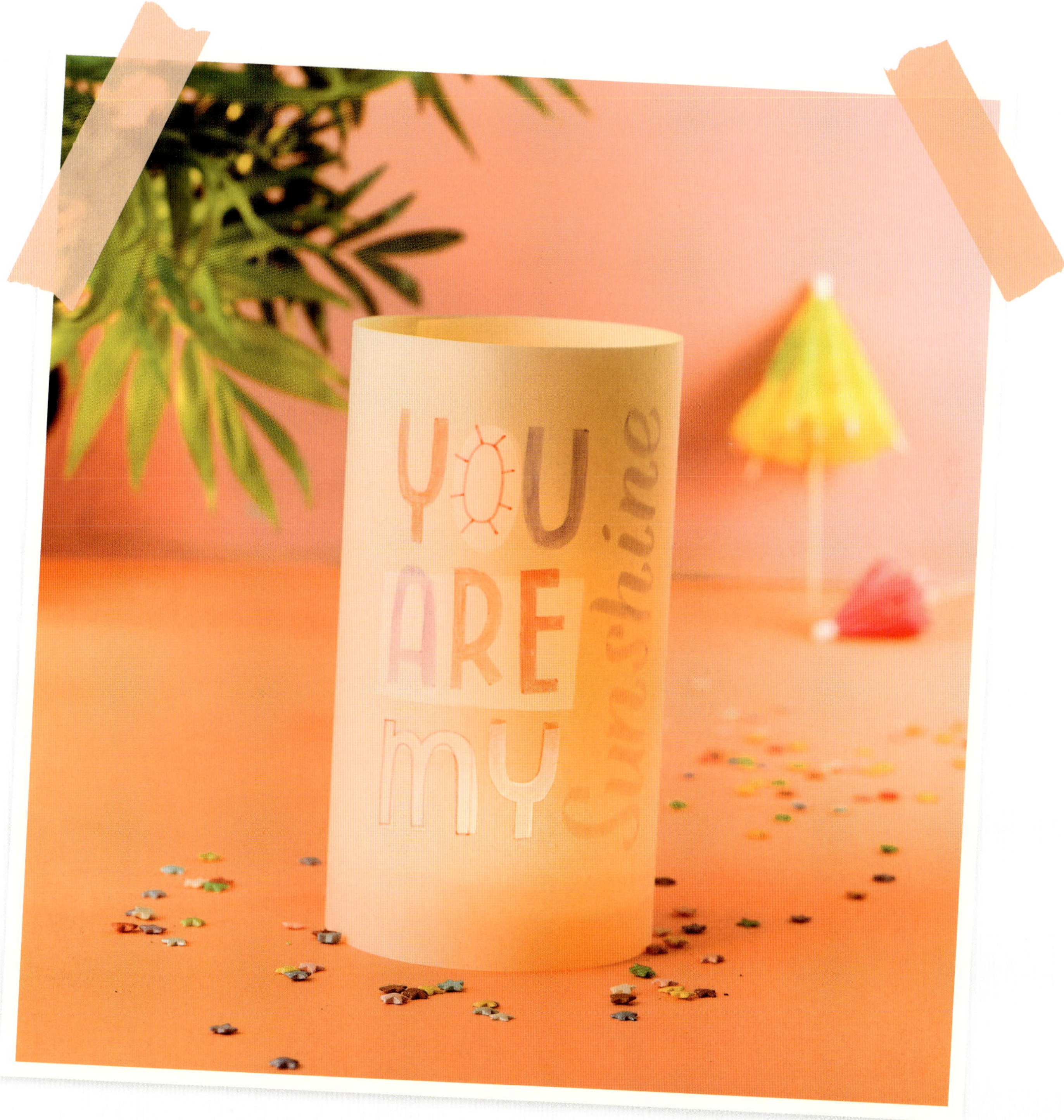
YOU ARE MY
Sunshine

Alphabete

3D-Buchstaben

ABCDEFGHIJKLMN
OPQRSTUVWXYZ

1234567890

Schatten-Buchstaben

ABCDEFGHIJKLMN
OPQRSTUVWXYZ

1234567890

Serifenschrift

A B C D E F G H I J K L M N
O P Q R S T U V W X Y Z
a b c d e f g h i j k l m n o p q
r s t u v w x y z
1 2 3 4 5 6 7 8 9 0

serifenlose Schrift

A B C D E F G H I J K L M N O P Q R S T
U V W X Y Z
a b c d e f g h i j k l m n o p q r s t
u v w x y z
1 2 3 4 5 6 7 8 9 0

kalligrafische Schreibschrift

A B C D E F G H I J K L M N
O P Q R S T U V W X Y Z

a b c d e f g h i j k l m n o
p q r s t u v w x y z

1 2 3 4 5 6 7 8 9 0

einfache Schreibschrift

A B C D E F G H I J K L M N
O P Q R S T U V W X Y Z

a b c d e f g h i j k l m n o
p q r s t u v w x y z

1 2 3 4 5 6 7 8 9 0

Ornamente

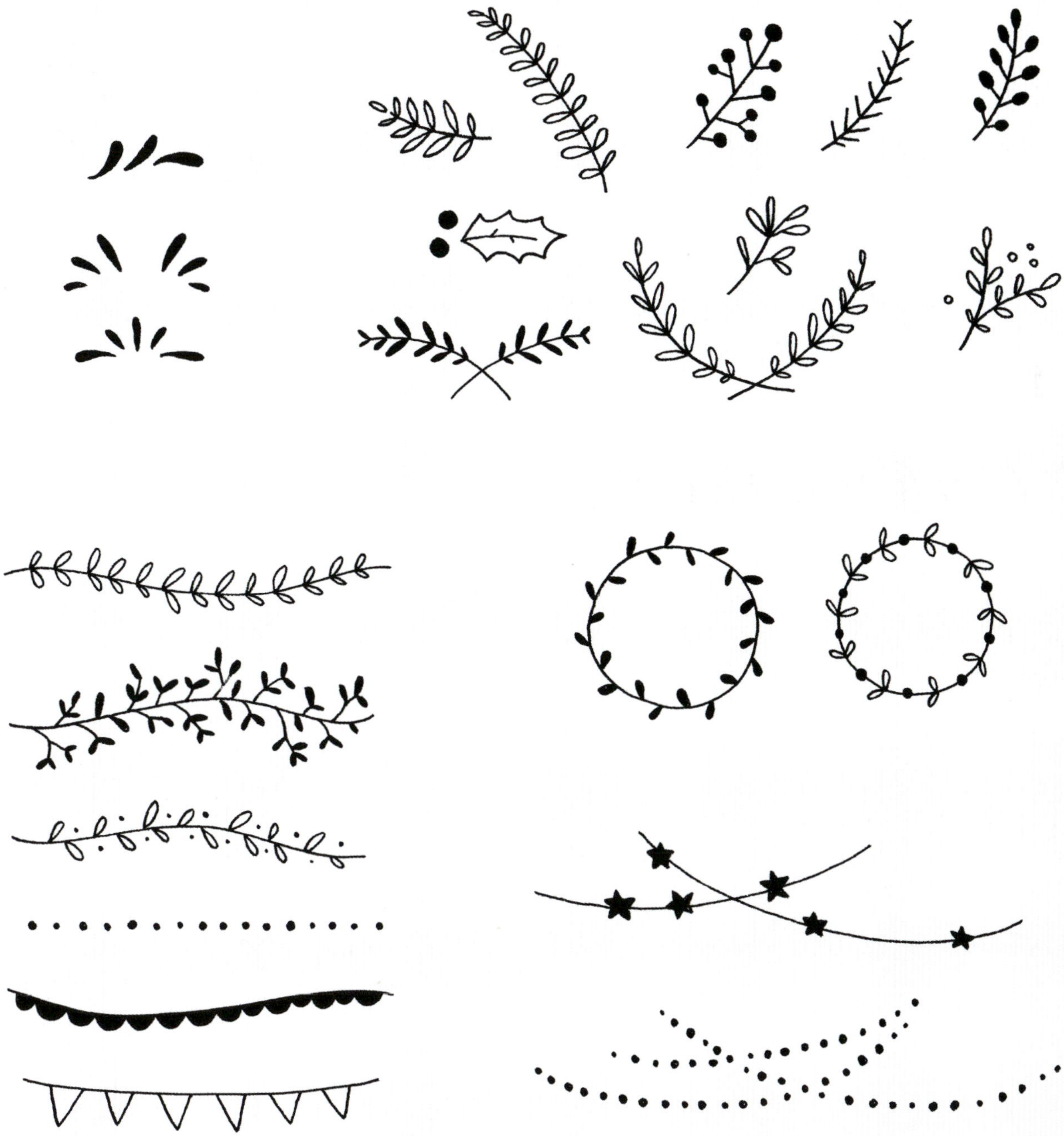

Banner & Schnörkel

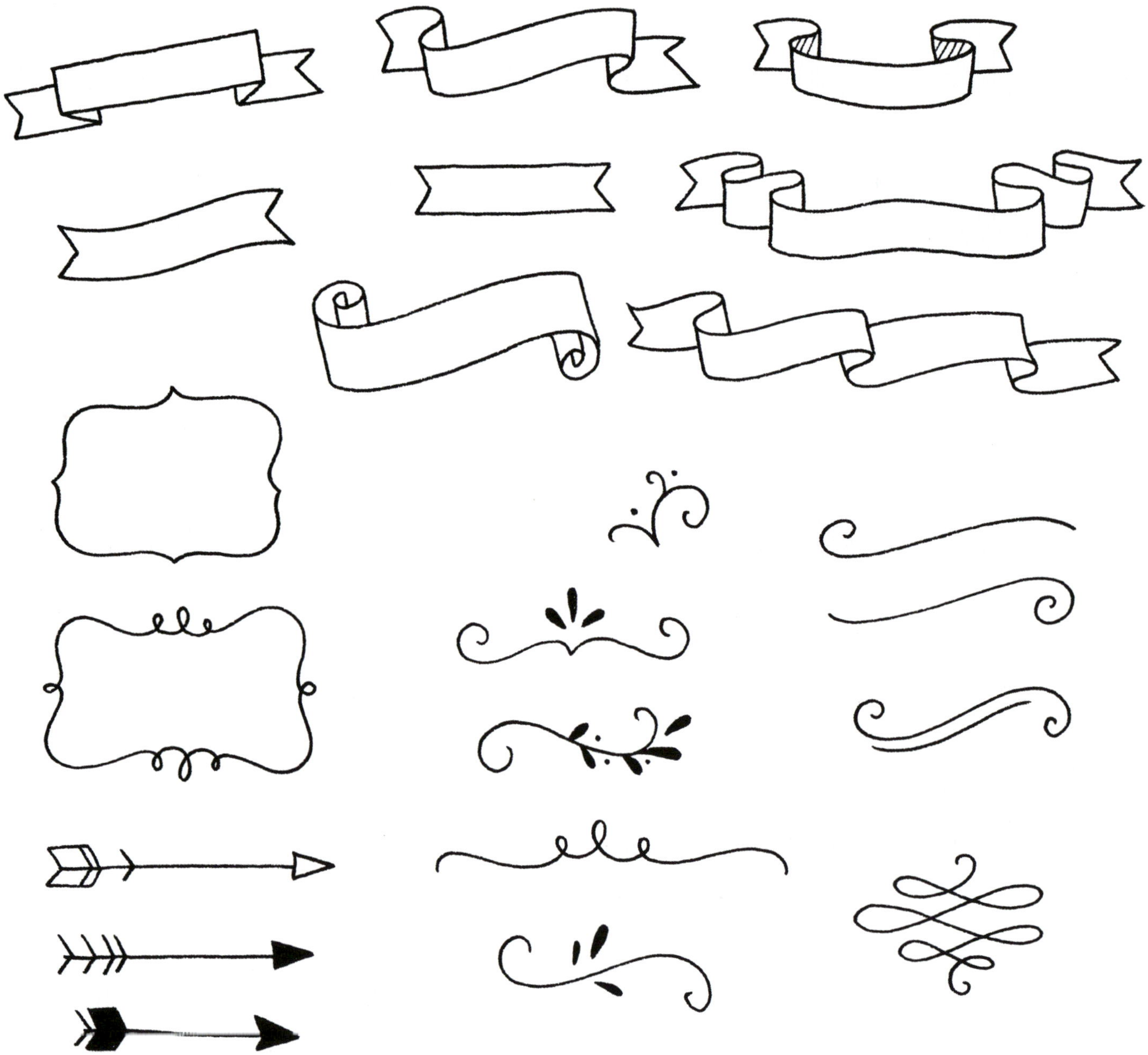

Vorlagen

Hinweis

Die folgenden Vorlagen kannst du je nach dem von dir gewählten Modell vergrößern oder verkleinern. Gehe dafür am besten in einen Copy-Shop, lasse dir die gewünschte Größe ausdrucken und nutze diese zum Abpausen.

Motivierendes Notizheft
Seite 34

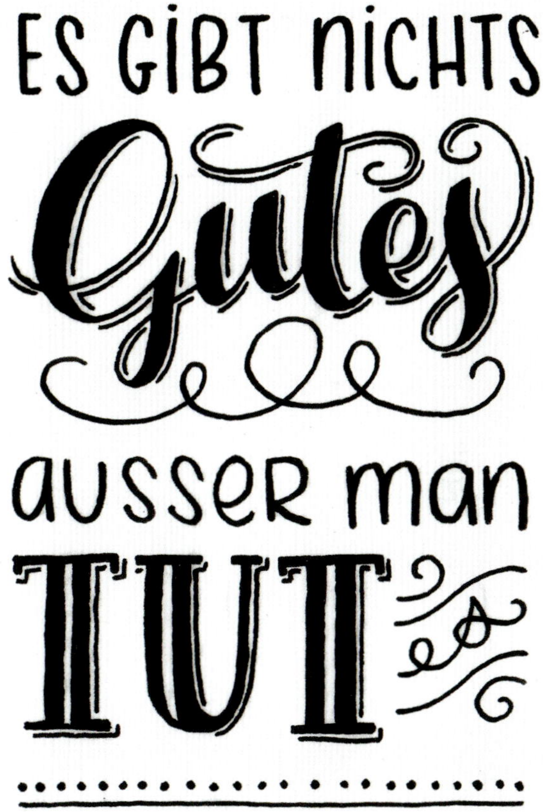

Kuchen im Glas
Seite 64

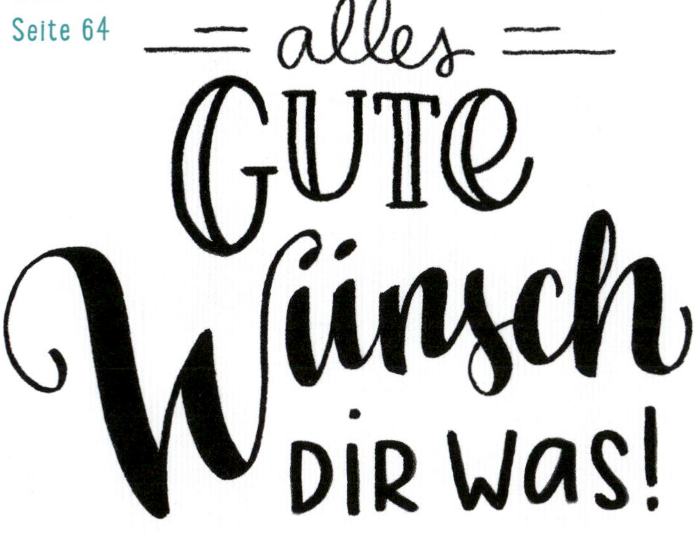

Tasse für Frühaufsteher
Seite 82

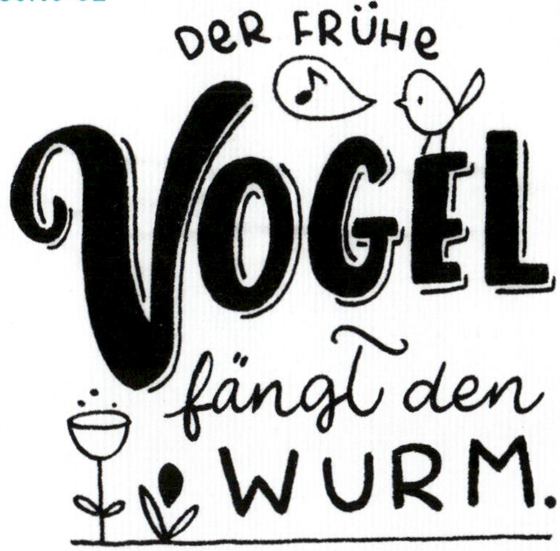

Gästebuch oder Fotoalbum
Seite 56

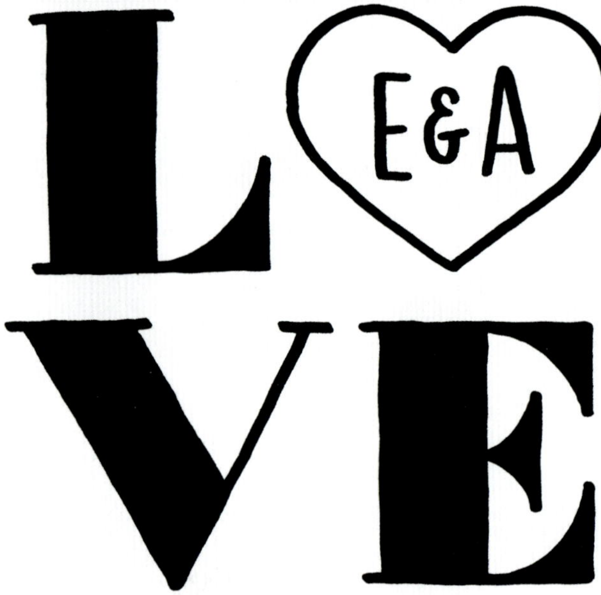

Stimmungsvolles Licht
Seite 86

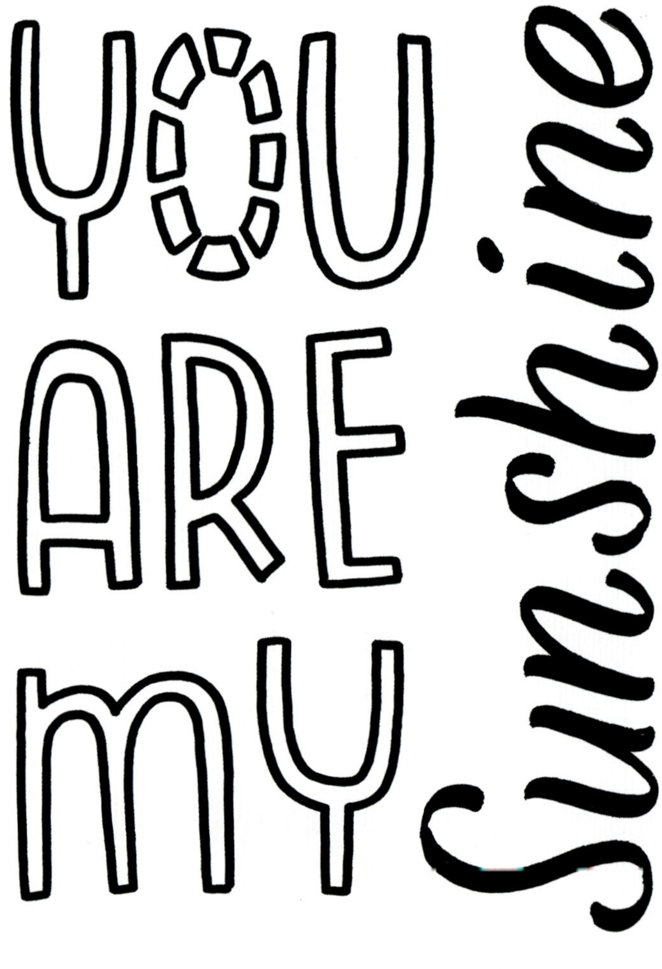

Weihnachtliche Grüße
Seite 42

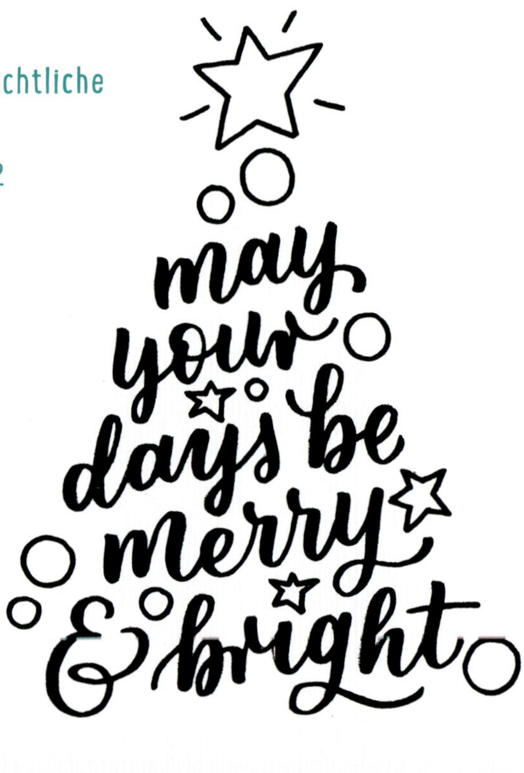

Herzige Glückwunschkarte
Seite 22

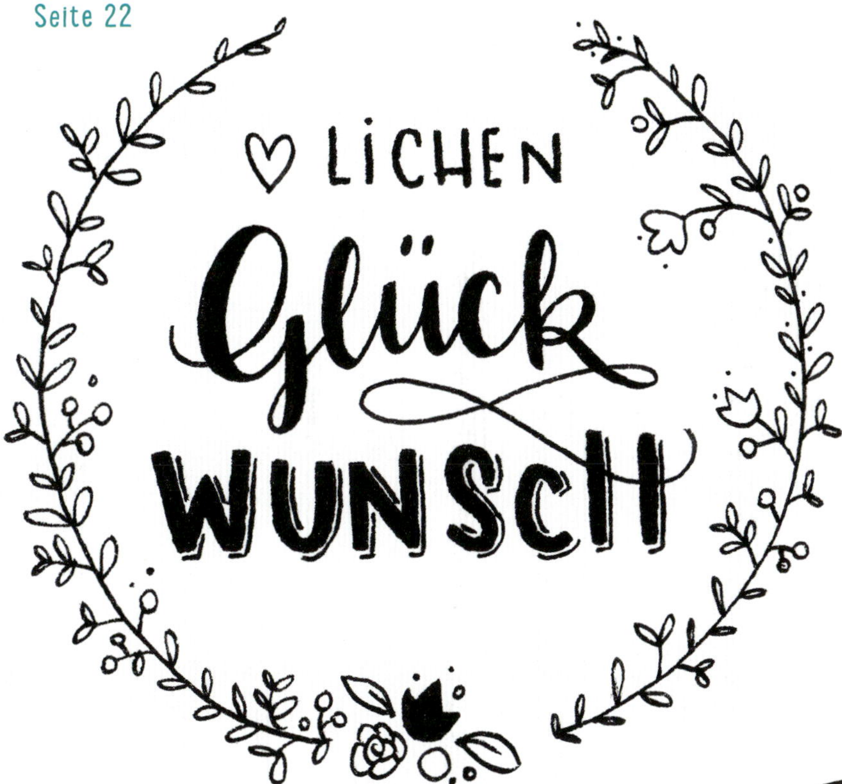

Funkelnde Geburtstagkarte
Seite 26

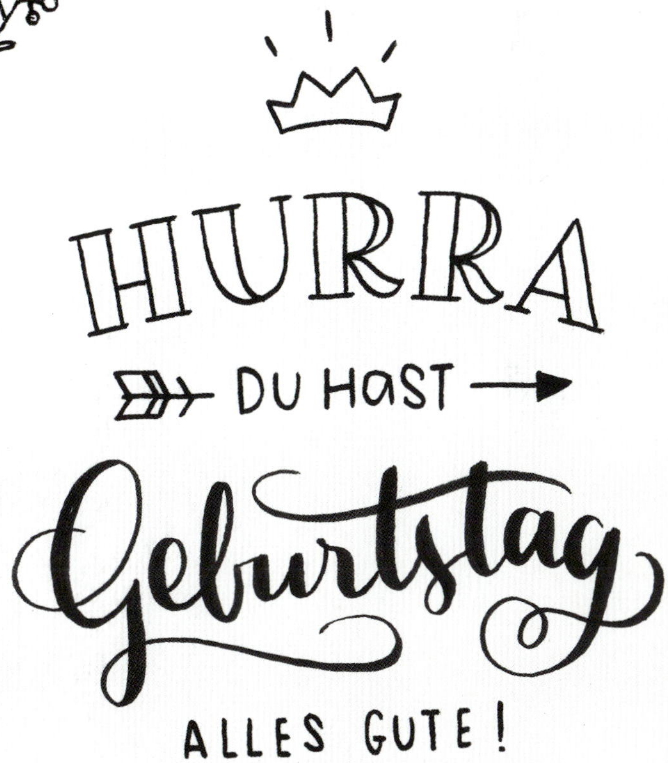

Einladung zu Kaffeeklatsch
Seite 30

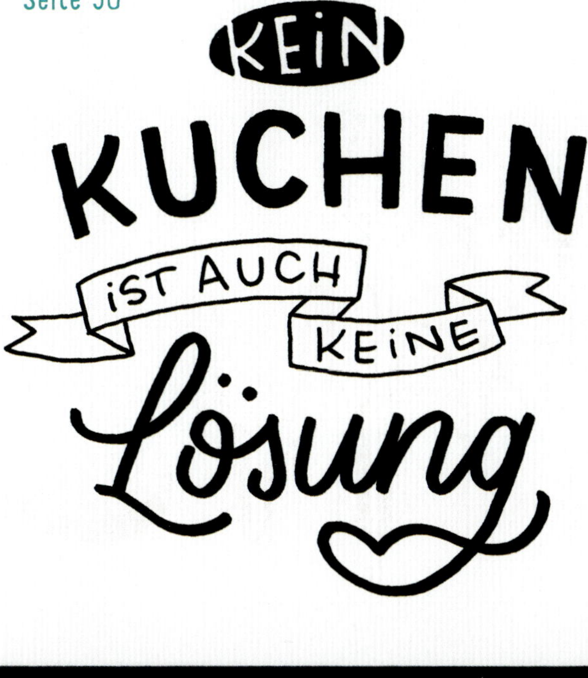

Fröhlicher Kuchen-Topper
Seite 52

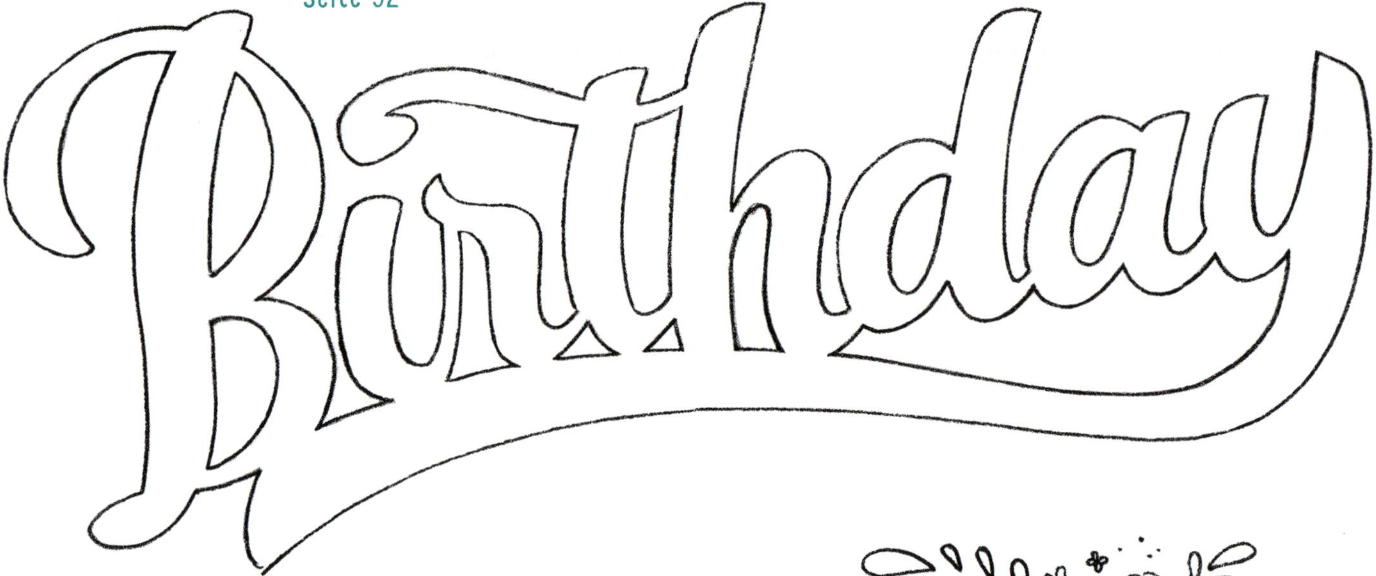

Liebevolle Geschenkanhänger
Seite 48

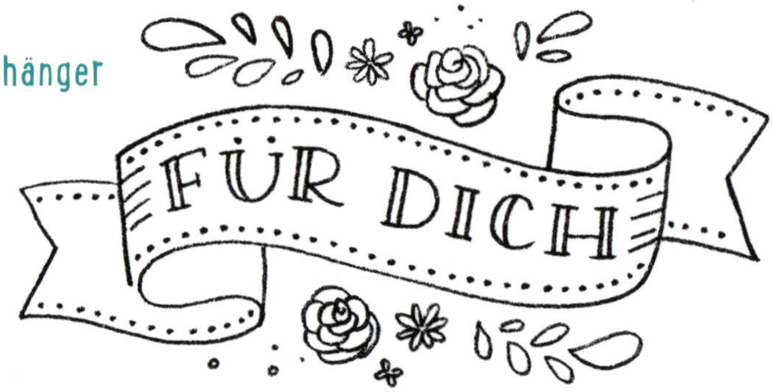

Nützliche Kreidetafel
Seite 70

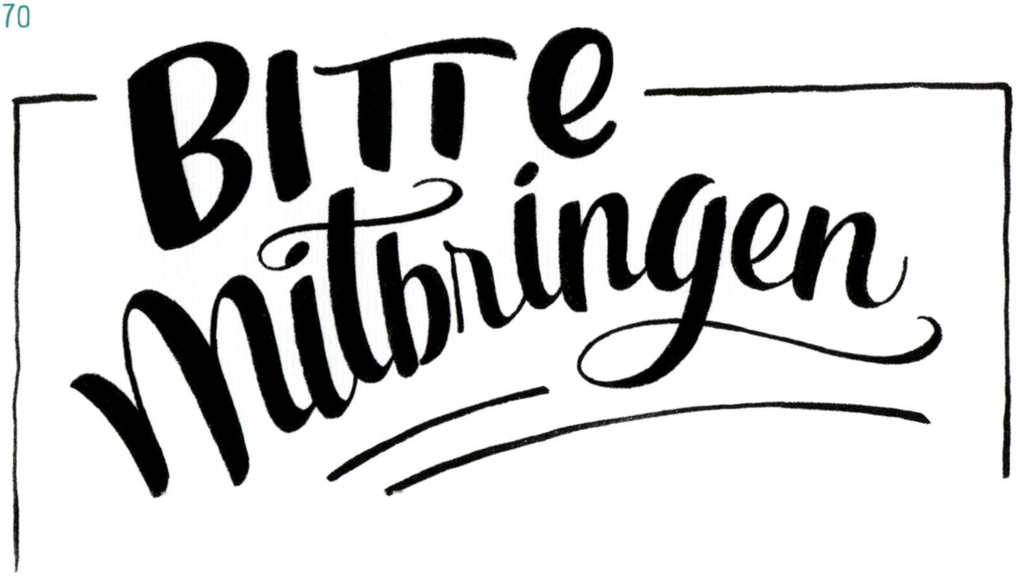

Beschwingter Beutel
Seite 78

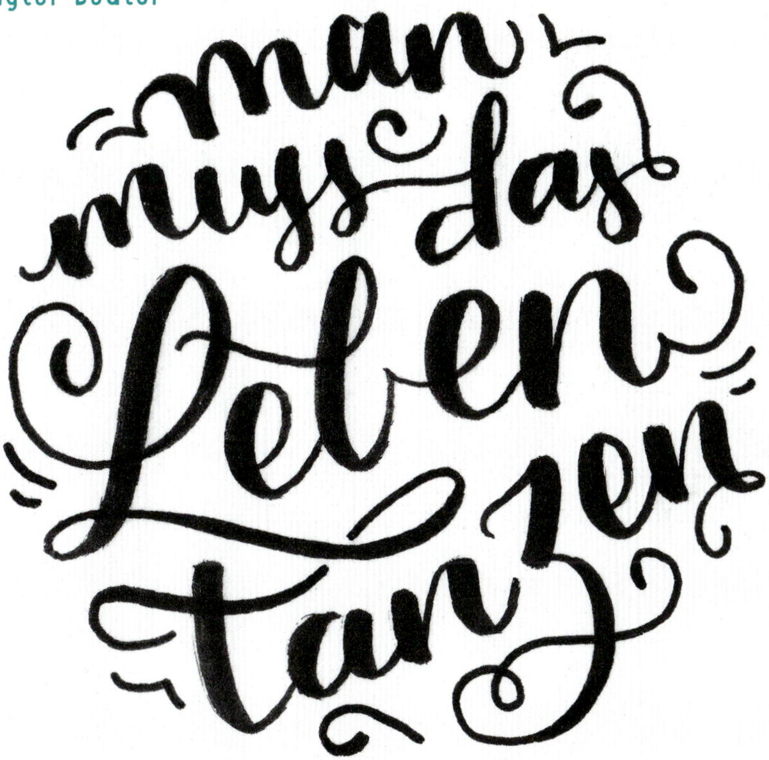

Süße Buchstabengirlande
Seite 60

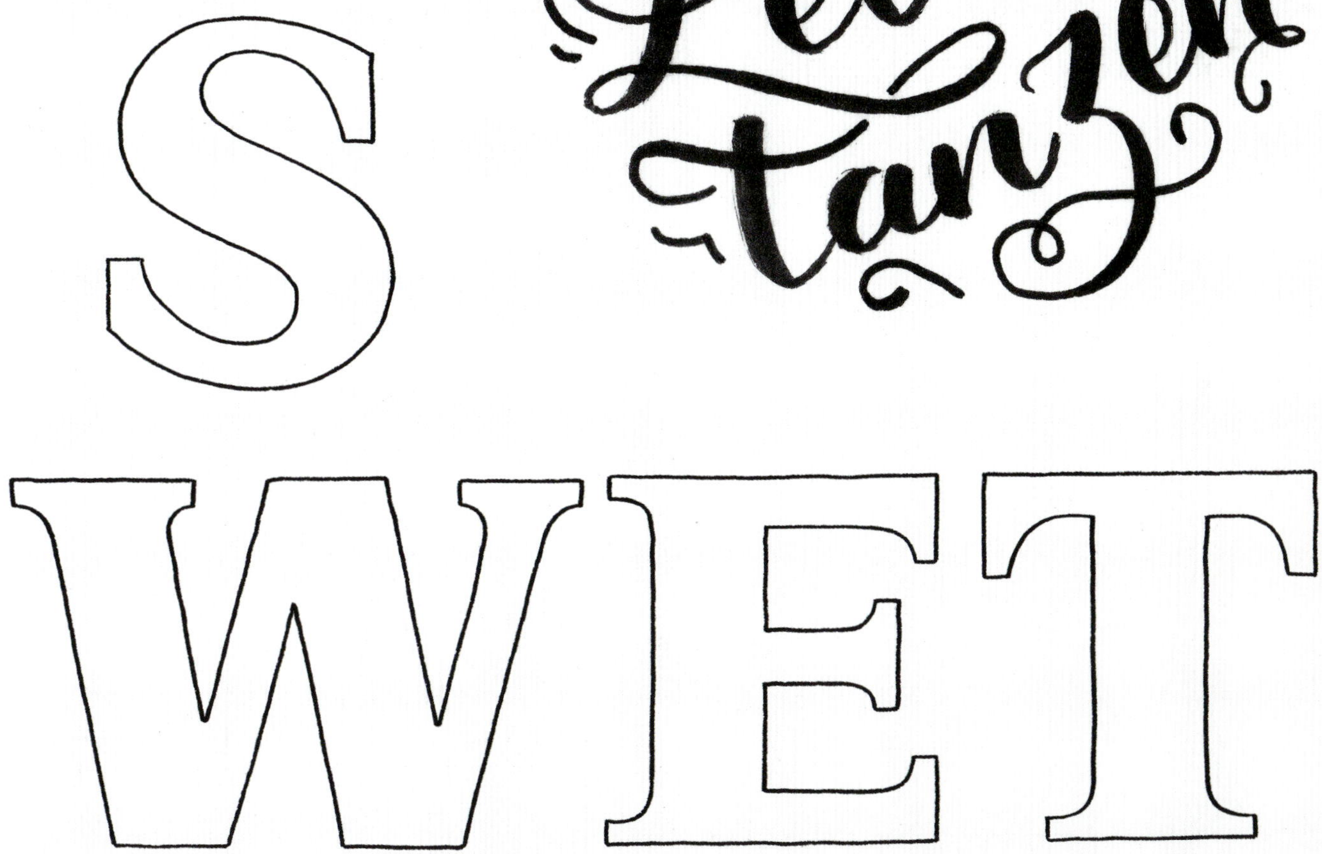

Noch mehr Vorlagen

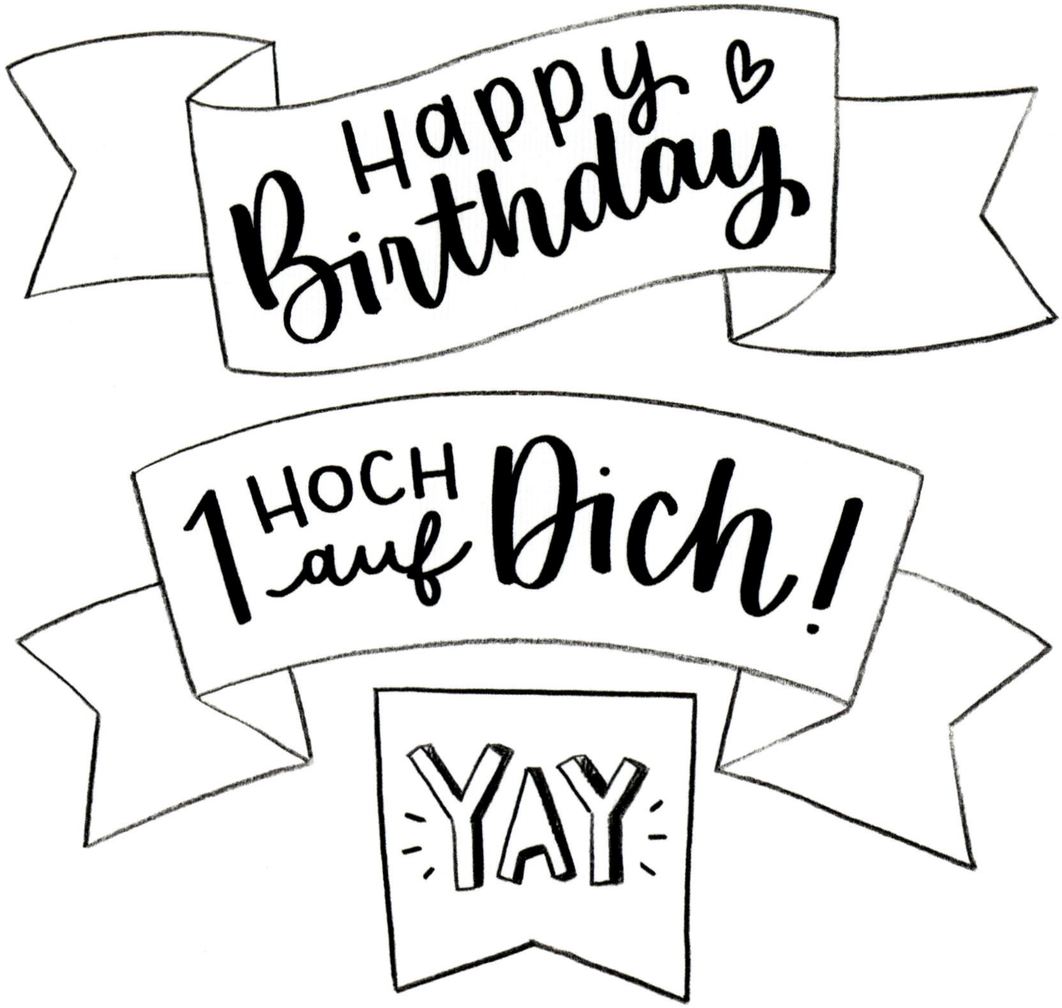

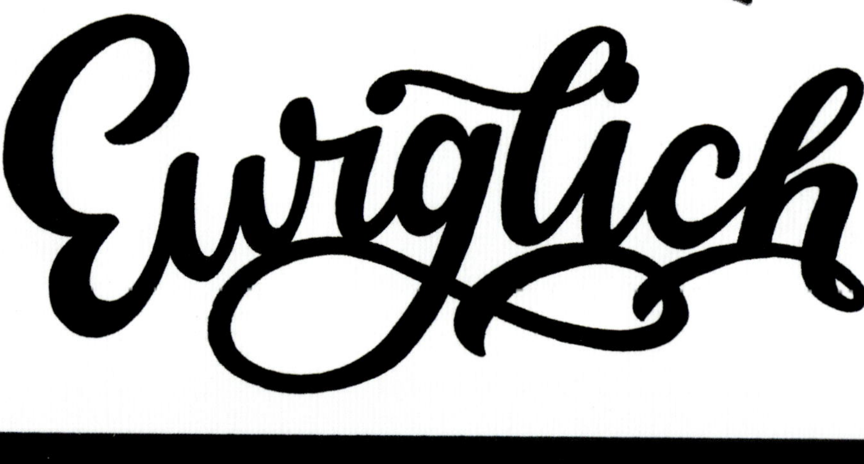

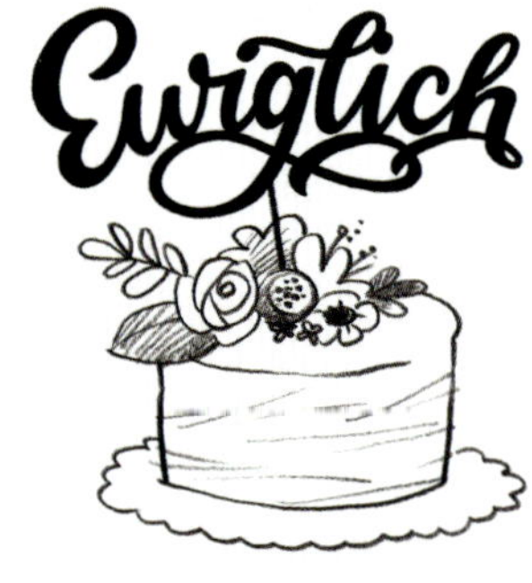

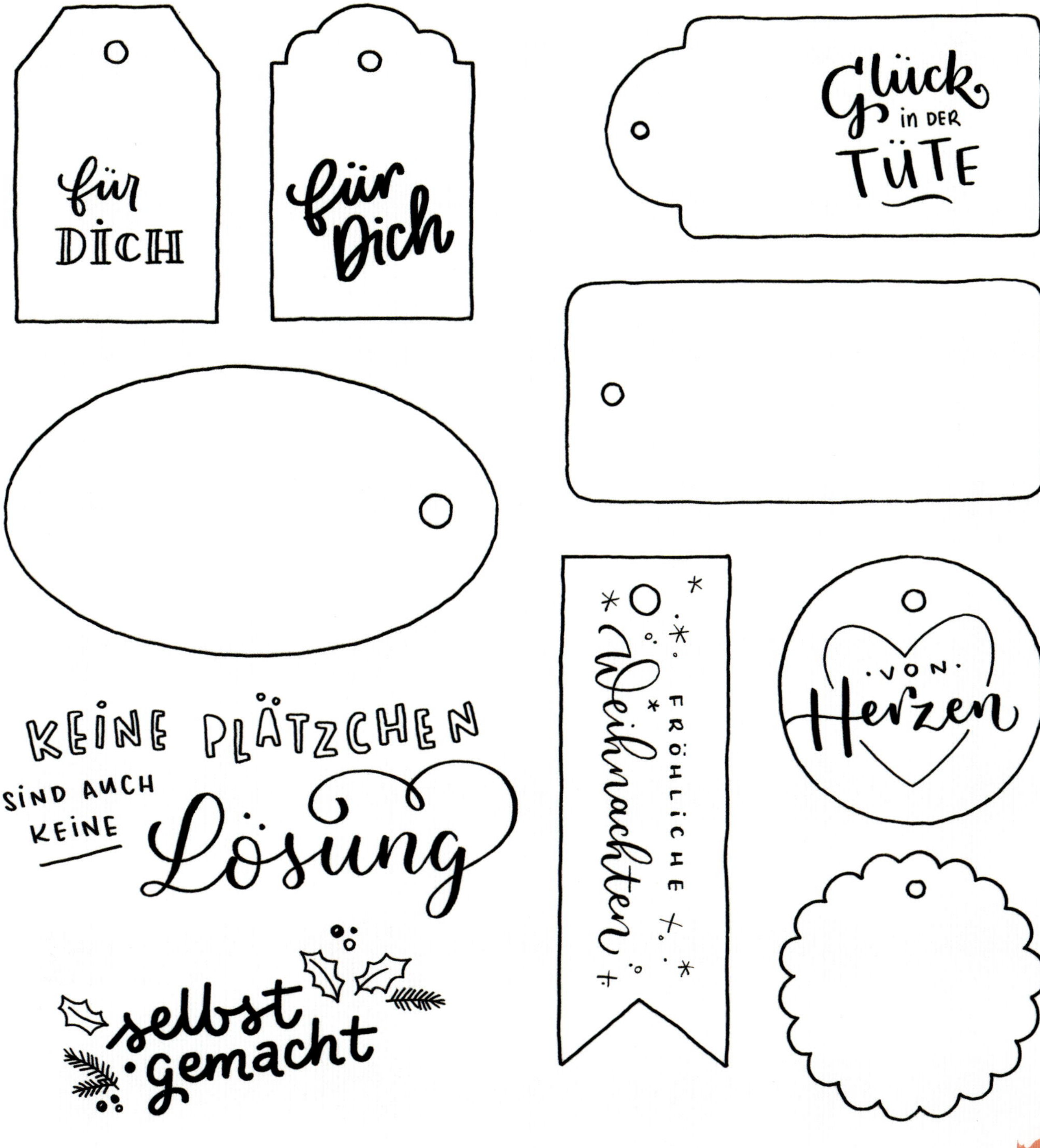
für DICH
für Dich
Glück in der TÜTE
Fröhliche Weihnachten
von Herzen
KEINE PLÄTZCHEN SIND AUCH KEINE Lösung
selbst gemacht

Raster

Buchempfehlungen für dich

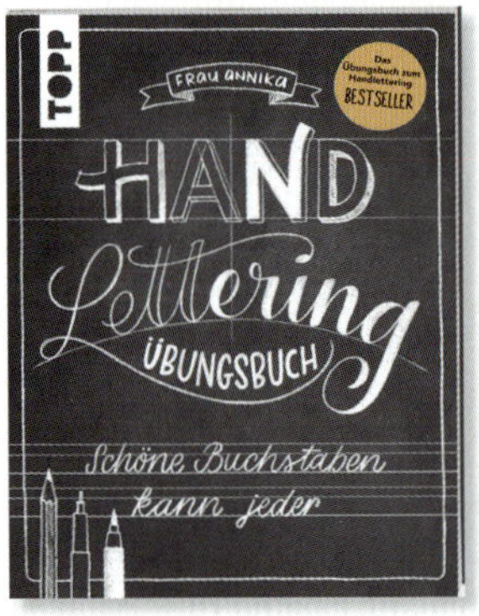

ISBN 978-3-7724-4721-1

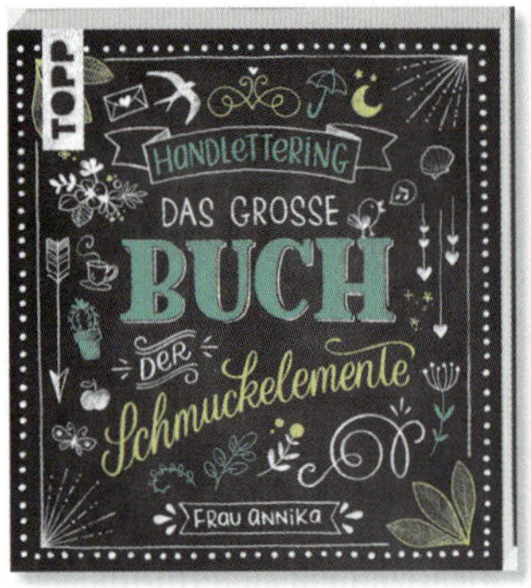

ISBN 978-3-7724-8304-2

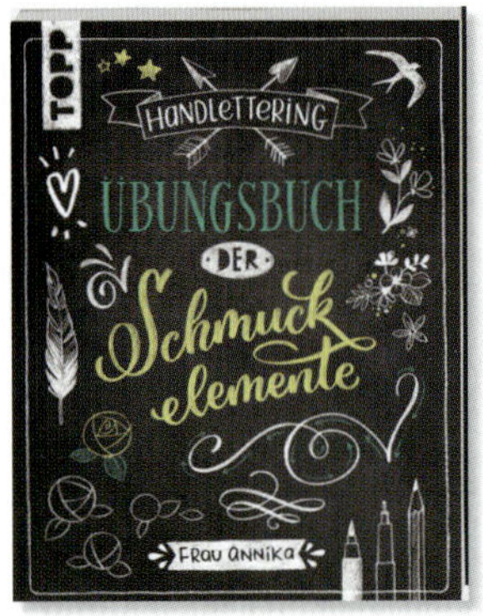

ISBN 978-3-7724-8317-2

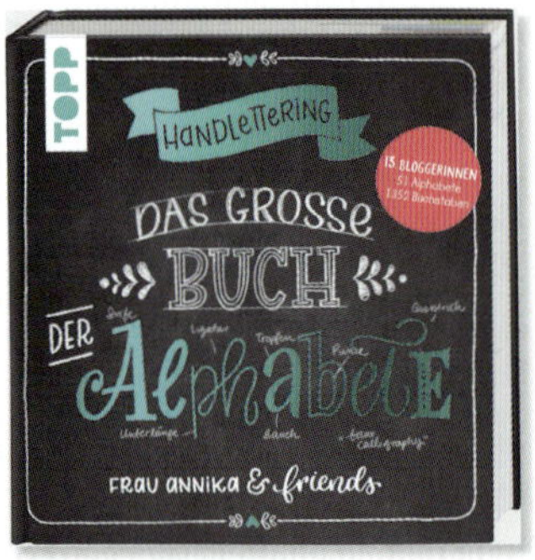

ISBN 978-3-7724-8333-2

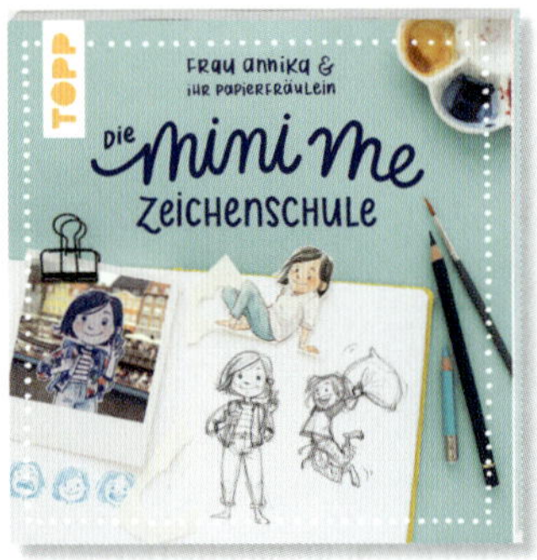

ISBN 978-3-7724-8380-6

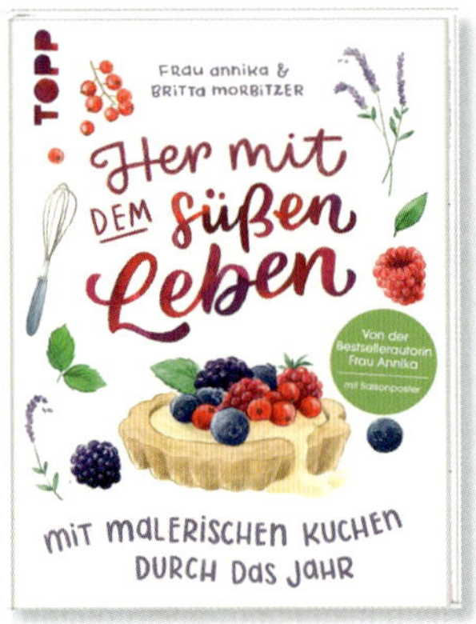

ISBN 978-3-7724-8057-7

Viele weitere Kreativ-Bücher findest du auf www.TOPP-kreativ.de

#TOPPprojekt

Die eigene Kreativität zeigen: TOPPprojekt mit anderen Kreativen teilen und Teil der Gemeinschaft werden.

DIY-begeistert und auf Instagram? Dann musst du unbedingt mitmachen! Hier gibt's Tipps und Feedback zu den eigenen Projekten. Außerdem verlosen wir jeden Monat ein Überraschungspaket. Um am Gewinnspiel teilzunehmen, einfach ein Bild vom Kreativprojekt aus unseren Büchern mit #TOPPprojekt posten und unserem Account @frechverlag folgen. Mehr Infos auf TOPP-kreativ.de/TOPPprojekt

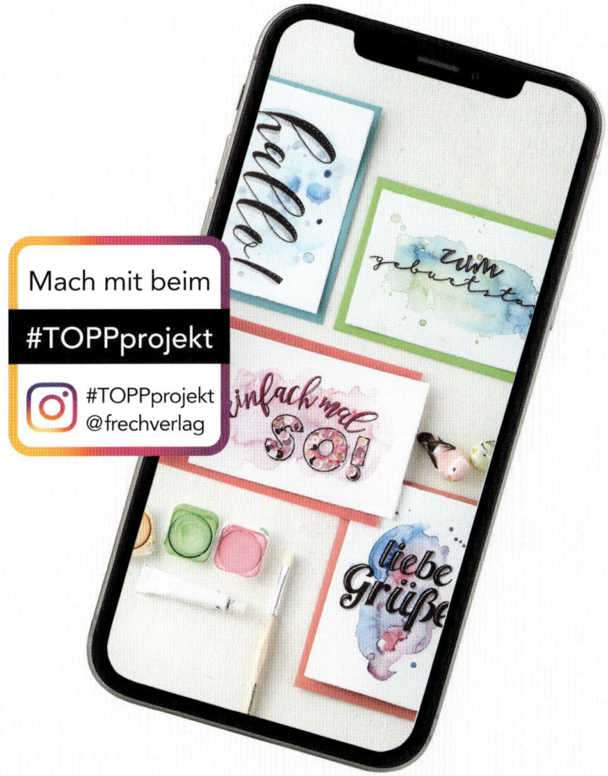

Website
Auf TOPP-kreativ.de kannst du ein riesiges Angebot von über 1.000 Kreativbüchern, Sets & mehr entdecken.

Newsletter
Gleich anmelden unter: TOPP-kreativ.de/newsletter und immer sofort von unseren Neuheiten und Sonderaktionen erfahren.

Instagram
@frechverlag

Pinterest
pinterest.com/frechverlag

Facebook
facebook.com/frechverlag

DigiBib
Hier findest du zusätzlich zu vielen unserer Bücher digitale Extras, wie Video-Tutorials, Plotterdateien, Vorlagen, Übungsblätter & vieles mehr. Einfach im Impressum deines TOPP-Buchs den Freischalte-Code nachschlagen und exklusive Inhalte freischalten. TOPP-kreativ.de/digibib

Youtube
youtube.com/frechverlag

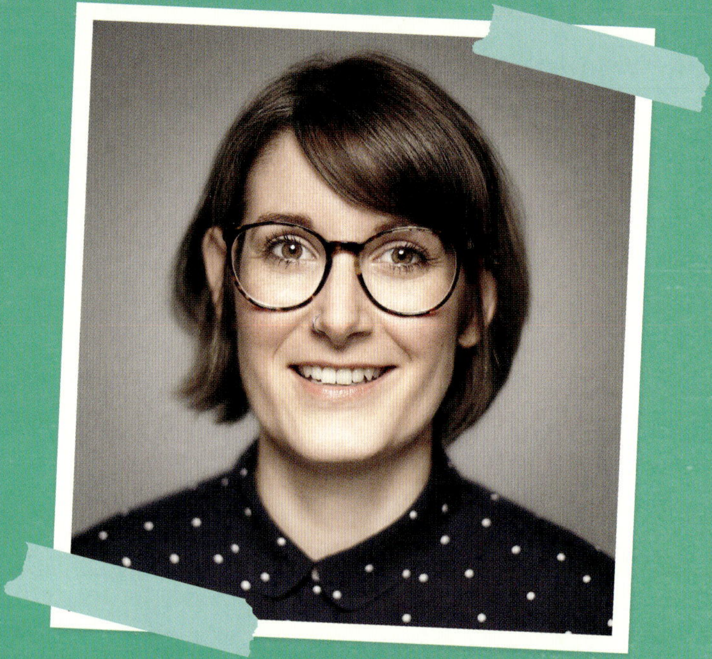

Autorin

1983 in Koblenz geboren, studierte **Annika Sauerborn** nach dem Abitur Kommunikationsdesign an der FH in Mainz, wo sie heute lebt und arbeitet. Sie setzte sich früh den Schwerpunkt Illustration und ihr lieblicher und verspielter Stil macht sie vor allem interessant für Kinder- und Jugendbuchverlage. Doch über ihre Tätigkeit als freischaffende Illustratorin kam sie auch zum Handlettering. Dies eröffnete ihr neue Möglichkeiten und Wege. Und dieses Buch.

mail@frauannika.de
www.frauannika.de

Danke!

Wir danken den Firmen **Posca** und **Rayher** für die freundliche Bereitstellung von Materialien.

Kreativ-Hotline

Hilfestellung zu allen Fragen, die Materialien und Bücher zu kreativen Hobbys betreffen: **Frau Erika Noll** berät Sie. Rufen Sie an oder schreiben Sie eine E-Mail!

Telefon: 0 50 52 / 91 18 58*

*normale Telefongebühren

E-Mail: mail@kreativ-service.info

Impressum

FOTOS: lichtpunkt, Michael Ruder, Stuttgart
AUTORENPORTRÄT: Frauke Bönsch, Bingen
MODELLE, ILLUSTRATIONEN UND UMSCHLAGGESTALTUNG: Annika Sauerborn
PRODUKTMANAGEMENT: Julia Götzschel, Hannelore Irmer-Romeo
LEKTORAT: Julia Götzschel, Gabriele Betz, Tübingen
LAYOUT UND SATZ: Sophia Höpfner
DRUCK: Livonia Print SIA, Lettland

3. Auflage 2022

ISBN 978-3-7724-4720-4 • Best.-Nr. 4720

Foto-Aktion

#TOPPlettering

Poste dein TOPPlettering-Kunstwerk!
Einfach Schnappschuss machen, Foto mit dem Hashtag #TOPPlettering versehen & bei Instagram, Facebook oder Twitter posten.
Wir freuen uns auf dein Lettering!

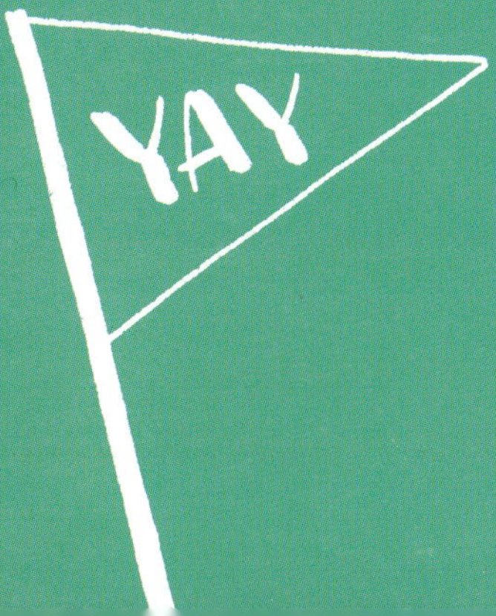

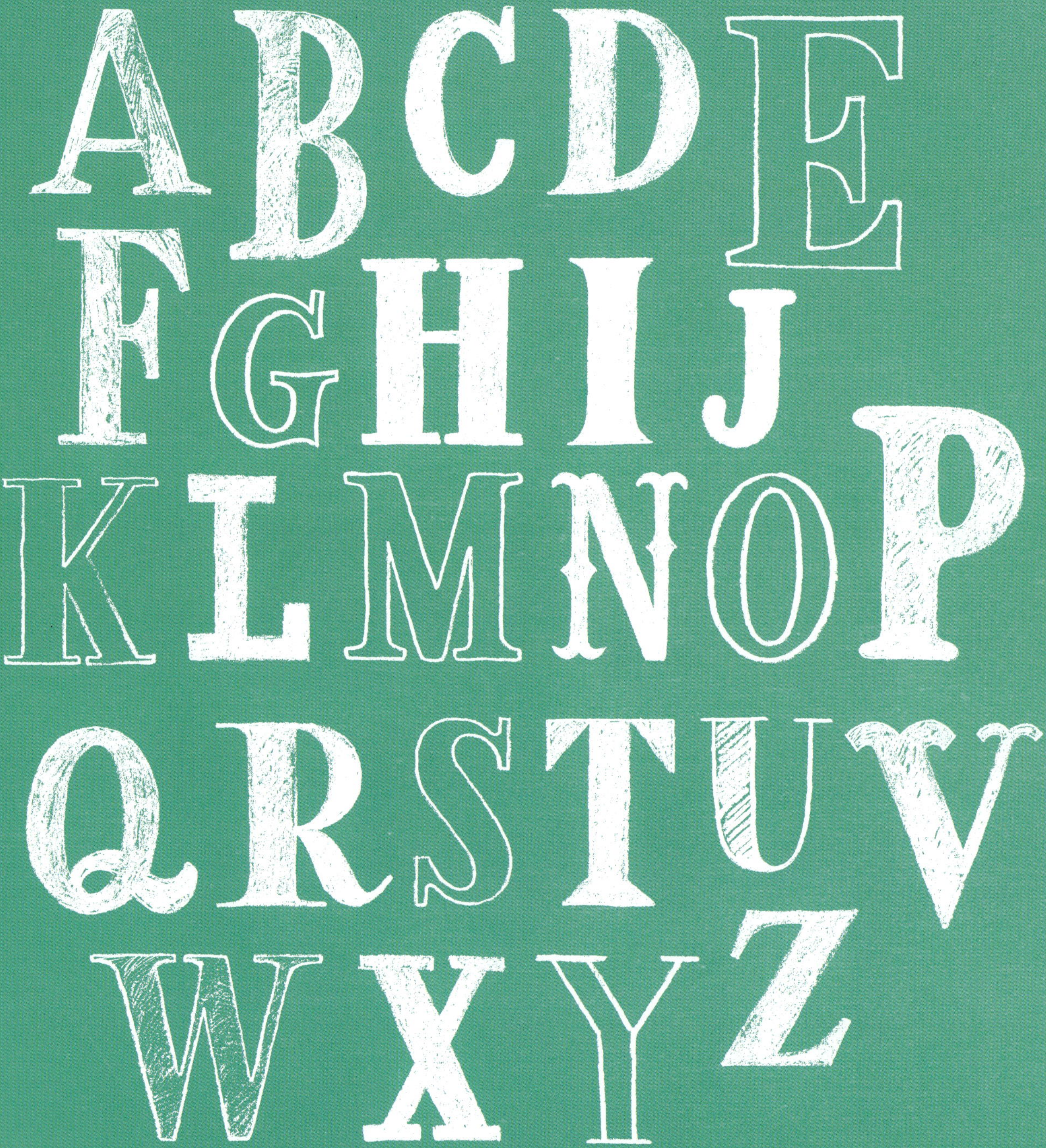
ABCDE
FGHIJ
KLMNOP
QRSTUV
WXYZ